Inhaltsverzeichnis

Die besten **Spiele** für den **Abschluss** mit **Gewinn**

Dr. Jessica Lütge

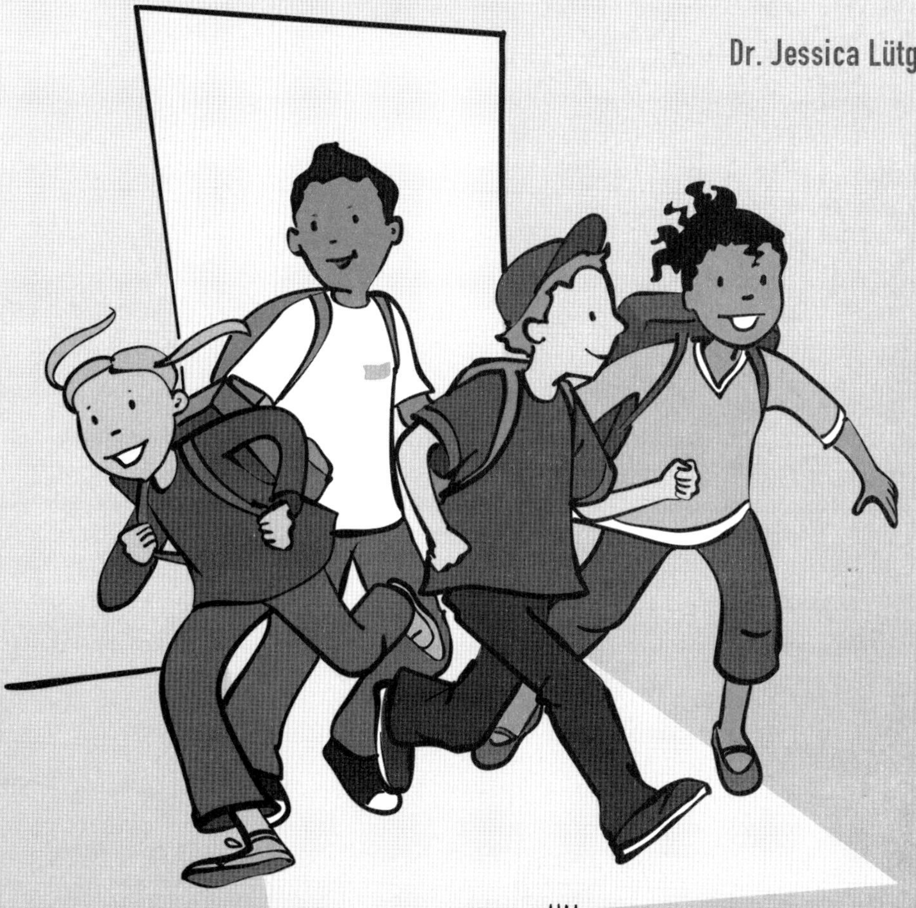

Verlag an der Ruhr

Impressum

Titel: *Unterrichtsziele spielend erreichen:*
Die besten Spiele für den Abschluss mit Gewinn
Band 3

Autorin: Dr. Jessica Lütge

Titelbildillustration: Dorothee Wolters

Fotos: Christian Weißenborn

Druck: Druckerei Uwe Nolte, Iserlohn

Verlag: Verlag an der Ruhr

Alexanderstraße 54 – 45472 Mülheim an der Ruhr
Postfach 10 22 51 – 45422 Mülheim an der Ruhr
Tel.: 0208/4395450 – Fax: 0208/43954239
E-Mail: info@verlagruhr.de
www.verlagruhr.de

© **Verlag an der Ruhr 2009**
ISBN 978-3-8346-0543-6

geeignet für die Klasse

Die Schreibweise der Texte folgt der neuesten Fassung
der Rechtschreibregeln – gültig seit August 2006.

Gedruckt auf chlorfrei gebleichtes Papier.

Wir sind seit 2008 ein ÖKOPROFIT®-Betrieb und setzen uns damit aktiv
für den Umweltschutz ein. Das ÖKOPROFIT®-Projekt unterstützt Betriebe
dabei, die Umwelt durch nachhaltiges Wirtschaften zu entlasten.

So erreichen Sie Unterrichtsziele spielend

„Wer in der Schule nicht spielen lernt, lernt nicht lernen."
Wolfgang Menzel

Seit Jahrzehnten ist es in der Schulpraxis selbstverständlich, den Unterricht durch Spiele aufzulockern. Schließlich haben so Schüler* und Lehrer gleichermaßen mehr Freude am Schulalltag. Dass **Spielen und Lernen unmittelbar zusammenhängt**, ist seit Langem bekannt. In dieser 3-bändigen Reihe „Unterrichtsziele spielend erreichen" erfahren Sie, wie Sie Spiele nicht nur als Auflockerung oder Zeitvertreib einsetzen, sondern sie für einen echten **Mehrwert in Ihrem Unterricht** nutzen können. Die Frage ist: Wie betten Sie Spiele in Ihren Unterricht ein, damit sie Ihre **Unterrichtsziele und -methoden unterstützen**?

Aufgrund der Vielzahl der Spiele und ihrer verschiedenen Ansätze sind die Spiele auf 3 Bände aufgeteilt:

Im **1. Band „Die besten Spiele zum Unterrichtsbeginn"** (ISBN 978-3-8346-0541-2) finden Sie vor allem Spiele für einen **gelungenen Unterrichtseinstieg** und für den „**Neubeginn**". Das kann der Beginn einer neuen Unterrichtsreihe sein oder aber der Start mit einer neuen Schülergruppe. Sie finden hier die besten Spiele, um Schüler kennenzulernen, vorhandenes Wissen zu aktivieren, Schüler auf Neues einzustimmen, sie auf den Unterrichtsgegenstand hin zu orientieren und Kleingruppen für die Arbeit zu bilden.

Der **2. Band „Die besten Spiele zum Lernen mittendrin"** (ISBN 978-3-8346-0542-9) beschäftigt sich hauptsächlich mit der **Arbeits- bzw. Transformationsphase** im Unterricht. Diese Spiele helfen Ihnen, die in der Orientierung angestrebten Lernziele auch zu erreichen. Hier geht es um ein produktives Miteinander im Unterricht und um ein spielerisches Training so genannter „Soft Skills" wie Kommunikations- und

Teamfähigkeit, Kreativität, Problemlösen und Eigenverantwortung. Außerdem werden lustige „Muntermacher" für zwischendurch vorgestellt, um den Kindern ihre wohlverdienten Pausen zu ermöglichen.

Dieser **3. Band „Die besten Spiele für den Abschluss mit Gewinn"** beschäftigt sich vor allem mit dem **Stundenende**, aber auch mit **Unterrichtsreihen- und Schuljahresabschlüssen**. Hier finden Sie die effektivsten Spiele, um Themeneinheiten abzuschließen, Inhalte und Lernmethoden zu reflektieren und Wissen nachhaltig zu festigen. Mit diesen Spielen runden Sie Ihren erfolgreichen Unterricht und den Schultag harmonisch ab.

Gemeinsam mit den Schülern spielen, verschafft den Kindern und Ihnen gute Laune und sorgt für eine **angenehme Atmosphäre** – vor allem, wenn die Schüler die Sinnhaftigkeit und ihren **persönlichen Nutzen des Spiels erkennen**. Machen Sie ruhig selbst bei den Spielen mit. Man merkt oft erst hinterher, wie gut der spielerische Umgang einem selbst tut.

Vielleicht stellen Sie sich eine Art **„Spielebuffet"** zusammen: Markieren Sie in unterschiedlichen Farben Ihre Lieblingsspiele mit den dazugehörenden Klassenstufen. So sehen Sie auf einen Blick, mit welcher Gruppe Sie bereits welches Spiel eingesetzt haben.

Und nun wünsche ich Ihnen viel Spaß und Erfolg beim spielerischen Lernen.

Dr. Jessica Lütge

*Aus Gründen der besseren Lesbarkeit haben wir in diesem Buch durchgehend die männliche Form verwendet. Natürlich sind damit auch immer Frauen und Mädchen gemeint, also Lehrerinnen, Schülerinnen etc.

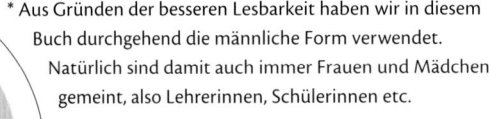

Unterrichtsziele spielend erreichen:

So sind die Spiele aufgebaut

Zu jedem Spiel finden Sie auf den ersten Blick 6 Kategorien,
die Ihnen die Auswahl für Ihre speziellen Bedürfnisse leicht machen:

Ziel

Hier ist das Unterrichtsziel benannt, das Sie mit diesem Spiel
unterstützen. So sehen Sie sofort, welchen zusätzlichen Schwerpunkt
Sie mit diesem Spiel setzen können.

Dauer

Hier ist die ungefähre Spieldauer angegeben. Sie finden in diesem Band Spiele
für ganz schnell zwischendurch, aber auch Spiele, mit denen Sie bequem eine
ganze Unterrichtsstunde gestalten können.

Material

Ein großes Plus: Für die meisten Spiele benötigen Sie gar kein oder nur sehr
wenig Material. Meistens finden sich die Gegenstände, die Sie brauchen,
bereits im Fundus der Klasse oder sind leicht selbst herzustellen.

Sozialform

Auf einen Blick sehen Sie, ob die Schüler am besten als Partner oder in Teams,
im Sitzkreis, in Bewegung oder am Platz spielen können.

So geht's und Variante

Hier erfolgt eine ausführliche Beschreibung des Spiels. Häufig finden Sie auch
zusätzliche Angebote als Varianten.

Kommentar

Das Motto lautet: Aus der Praxis für die Praxis. Sie erhalten hier hilfreiche
Tipps, Erfahrungswerte und Anekdoten aus meiner eigenen Schulpraxis.
Grundsätzlich sind alle Spiele für die Jahrgangsstufen 1–4 konzipiert und
altersübergreifend einsetzbar. Wenn ein Spiel eher besser für jüngere oder
ältere Schüler geeignet erscheint, was aber selten vorkommt, ist dies immer
vermerkt. Sie finden fast immer Tipps, wie Sie das Spiel so verändern können,
dass jeweils auch andere Altersgruppen davon profitieren.

Unterrichtsziele spielend erreichen:

Die besten Spiele, um das Klassenklima zu fördern

Kapitel 1

Die besten Spiele, um das Klassenklima zu fördern

Ein gutes Klassenklima trägt entscheidend dazu bei, dass die Kinder (und Sie) sich wohlfühlen in der Schule. Ein partnerschaftlicher, empathischer Umgang der Kinder untereinander wirkt sich nicht nur positiv auf das seelische Wohlbefinden, sondern tatsächlich auf den Lernerfolg der Kinder aus.

Leider kommt es schon bei jüngeren Schülern zu Ausgrenzung Einzelner oder sogar zu gezieltem Mobbing.

Mit diesen Spielen erfahren die Kinder, dass sie eine starke Gemeinschaft sind, die nicht nur miteinander, sondern auch voneinander lernen kann. Die Kinder lernen, dass sie gemeinsam mehr erreichen, wenn sie sich gegenseitig unterstützen und aufbauen.

Gegenseitiger Respekt und Wertschätzung sollte immer wieder betont werden. Dies ist auch die Basis der hier vorgestellten Aktivitäten.
Um diese Aspekte spielerisch zu vermitteln, bietet sich vor allem das Ende einer Stunde oder des Schultages, z.B. im Abschlusskreis, an.

Vielleicht reservieren Sie einfach die letzte halbe Stunde einer Schulwoche für die Spiele zur Verbesserung des Klassenklimas. So starten die Schüler mit einem freudigen Gefühl ins Wochenende und kommen am Montag gerne wieder in die Schule.

Spiele, die ein wenig mehr Zeit benötigen, sind z.B. „Überraschungsbrief nach den Ferien" (s. S. 12), „Erste Hilfe" (s. S. 13) oder „Wichteln" (s. S. 16).
Sie wirken oftmals sehr nachhaltig.
Als schnellere Spiele zwischendurch eignen sich vor allem „Bitte lächeln" (s. S. 11), „Big Applause" (s. S. 17) oder „Neptuns Welle" (s. S. 23).

Wichtig: Bei den Spielen zur Stärkung des Klassenklimas sind immer alle Schüler beteiligt und unterstützen sich gegenseitig. Auch diejenigen, die sonst nicht viel miteinander zu tun haben, lernen hier, positive Seiten an anderen zu entdecken.

Bitte lächeln!

Ziel	⟫	trainiert die Selbstbeherrschung
Dauer	⟫	ca. 5–10 Minuten
Material	⟫	–
Sozialform	⟫	ganze Klasse im Sitzkreis

So geht's

Die Schüler sitzen im Kreis, am besten auf dem Boden. In der Mitte liegt eine Münze, die reihum jeder einmal werfen darf. Zeigt die Münze *Zahl*, so müssen sich alle Schüler anlächeln oder sich freundlich zunicken. Zeigt die Münze *Kopf*, darf niemand mehr lächeln, sondern jeder muss sehr ernst aussehen. Wer immer noch lächelt oder lacht, muss für alle einen Witz erzählen.

Kommentar

Dieses Spiel führt ganz schnell zu guter Laune, da hier einfach jeder mitlachen muss. Allein die Tatsache, sich in einer Situation zu befinden, in der man nicht lachen darf, führt schnell zu unfreiwilligem Gelächter.
Dann freuen sich natürlich alle auf den Witz, der nun erzählt wird. Die Kinder sollten sich also etwas vorbereiten. Wenn Sie dieses Spiel öfter spielen, wissen sie ja, was auf sie zukommt.

Überraschungsbrief nach den Ferien

Ziel	◑	fördert Empathie und ein besseres Verständnis der Schüler untereinander
Dauer	◑	ca. 30 – 45 Minuten
Material	◑	Schreibpapier, Stifte
Sozialform	◑	ganze Klasse am Platz

So geht's

In den letzten Tagen vor den Sommerferien wird noch einmal der Klassenzusammenhalt für das künftige Schuljahr gefestigt. Dazu schreibt nun jeder Schüler einen kleinen Brief mit guten Wünschen für das neue Schuljahr an einen Mitschüler. Der Clou: Die Kinder wissen nicht, an wen sie schreiben, da die Briefe später verlost werden. Insofern darf auch keiner wissen, von wem der Brief ist. Sie brauchen ihn also auch nicht zu unterschreiben. Ein Brief könnte folgendermaßen aussehen:

Hallo!
Zum neuen Schuljahr wünsche ich dir viel Spaß, gute Noten und dass wir immer Freunde bleiben. Ich freue mich schon auf unsere Klassenfahrt mit dir. Alles Gute und bis bald!

Natürlich darf jeder noch den Brief verzieren und etwas Hübsches oder Lustiges dazumalen. Jedes Kind adressiert nun noch einen Umschlag an sich selbst und klebt eine Briefmarke darauf, die es von zu Hause mitgebracht hat. Sammeln Sie alle Briefe ein. Stecken Sie sie zufällig in die entsprechenden Umschläge, und schicken Sie die Briefe innerhalb der letzten Ferientage ab. Natürlich haben Sie am besten den Überblick, welchem Kind welcher Brief guttun würde, sodass Sie hier auch ein bisschen dem Glück auf die Sprünge helfen können.

Kommentar

Diese Aktion ist auch gut geeignet zu den Weihnachtsferien, z.B. als Neujahrswunsch. Natürlich möchte jeder herausfinden, wer ihm den Brief geschrieben hat, aber Sie wissen ja: Das fällt unter das Postgeheimnis!

Erste Hilfe

Ziel		stärkt das Selbstvertrauen und die Hilfsbereitschaft
Dauer		ca. 35 – 45 Minuten
Material		DIN-A2-Poster, Karteikärtchen
Sozialform		Einzelarbeit/ganze Klasse

So geht's

Mit dem Begriff *Erste Hilfe* ist hier natürlich nicht der Verbandskoffer gemeint, sondern vielmehr die Fähigkeit von jedem einzelnen Schüler, in besonderen Situationen Ansprechpartner zu sein.

Jeder Schüler sollte sich mindestens drei Dinge ausdenken, die er besonders gut kann und mit denen er anderen Schülern helfen kann. Am besten besprechen Sie mit der Klasse gemeinsam zu Beginn einige Möglichkeiten:
Vielleicht ist jemand gut in Mathe oder Deutsch und kann anderen Kindern bei Bedarf helfen. Vielleicht kann jemand aber auch gut trösten, wenn sich jemand verletzt hat, oder sogar Streit schlichten. Ein anderer kann tolle Witze erzählen und Kinder damit aufmuntern. Ein weiteres Kind verleiht gerne Material …

Bestimmt fallen den Schülern die unterschiedlichsten Möglichkeiten ein. Diese werden dann auf jeweils ein Kärtchen mit dem entsprechenden Namen geschrieben und schön verziert. Legen Sie nun das vorbereitete Poster in die Mitte, sodass jedes Kind seine Zettel aufkleben kann. Wenn Sie nun das Poster als Schmuck an die Wand hängen, sieht jeder sofort auf einen Blick, an wen er sich bei Bedarf wenden kann.

Kommentar

Diese aktive „Erste Hilfe" stärkt enorm das Selbstvertrauen der Schüler. Jeder wird sich bewusst, dass er etwas Besonderes kann. Die Kinder haben nun für knifflige Situationen sofort einen Ansprechpartner parat und vertrauen sich gegenseitig dadurch immer besser.

Bonbons im Kreis

Ziel		fördert Kooperation und Empathie
Dauer		ca. 10 – 15 Minuten
Material		ein Esslöffel für jeden Schüler, Süßigkeiten
Sozialform		ganze Klasse im Sitzkreis

So geht's

Alle Schüler sitzen im Kreis, aber hintereinander. Jeder sieht den Rücken des Vordermannes. Jeder hält einen Esslöffel in der Hand. Nun bekommt ein Schüler eine Süßigkeit, z.B. ein Bonbon, auf den Löffel. Dieses muss nun nach hinten weitergereicht werden. Die Schüler dürfen sich dabei aber nicht umdrehen, sondern müssen sich auf ihr Gefühl verlassen und den Löffel natürlich gerade halten.

Der Hintermann versucht nun, mit dem eigenen Löffel den Inhalt abzunehmen, sodass er nun das Bonbon auf seinem eigenen Löffel hat. Dieses gibt er dann, ohne sich umzudrehen, wieder nach hinten weiter.
So geht es immer weiter, bis schließlich der letzte im Kreis das Bonbon endlich auf seinem eigenen Löffel hat.

Damit sich niemand langweilt, geben Sie nach und nach weitere Bonbons in die Runde. Als Belohnung dürfen die Bonbons nun natürlich gekostet werden. Zum Glück haben Sie zufällig einen ganzen Klassensatz Bonbons dabei.

Kommentar

Dieses Spiel schafft ein schönes Gemeinschaftserlebnis und erfordert ruhige Hände und gegenseitige Empathie. Nach einigen Weitergabe-Versuchen lernen die Kinder, wie der Hintermann den Löffel hält. Der Abnehmer seinerseits lernt, sich auf die Technik des Vordermanns einzustellen. Nach einigen Runden läuft das Spiel schon überraschend schnell.

Mission mit Handicap

Ziel	⟩⟩	fördert Kooperation und Problemlösen
Dauer	⟩⟩	ca. 20–25 Minuten
Material	⟩⟩	pro Gruppe eine Augenbinde
Sozialform	⟩⟩	3er-Gruppen

So geht's

Die Schüler bilden 3er-Gruppen (s. Band 1, ab S. 75). Jedes Team erhält eine auf den ersten Blick ziemlich leichte Aufgabe: Es soll z.B. ein Glas Wasser in die andere Ecke des Klassenraumes transportieren oder aus einem Regal ein bestimmtes Buch holen.

Nun fragen sich die Schüler natürlich, warum sie für eine so leichte Aufgabe gleich 3 Kinder benötigen. Der Grund ist: Die Kinder haben mit einigen Handicaps zu kämpfen, die sie nur gemeinsam lösen können.

In jeder Gruppe darf ein Schüler nichts sehen, aber dafür sprechen – ihm werden die Augen verbunden.
Der zweite Schüler darf zwar sehen und sprechen, aber nicht seine Arme bewegen.
Der dritte Schüler darf zwar seine Arme bewegen, aber dafür nicht sprechen und keine Gegenstände anfassen.

Alle Schüler sind also aufeinander angewiesen, um die Aufgabe erfüllen zu können. Welches Team zuerst seine Aufgabe löst, hat gewonnen.

Kommentar

Nur wer hier gut zusammenarbeitet, kann gewinnen. Jeder Schüler merkt, dass gerade seine Fähigkeit gebraucht wird und wichtig ist. Führen Sie doch hinterher mit den Schülern ein kurzes Reflexionsgespräch.

Wichteln

Ziel	◉	sensibilisiert für die Bedürfnisse anderer
Dauer	◉	ca. 15 Minuten Vorbereitung, Aktion läuft anschließend eine Woche lang
Material	◉	für jeden Schüler einen Zettel, Stift
Sozialform	◉	ganze Klasse in Bewegung

So geht's

Nicht nur zur Weihnachtszeit sind die hilfreichen Wichtel unterwegs, sondern das ganze Jahr. In diesem Fall spielen aber die Schüler selbst die Wichtel und erfreuen ihre Mitschüler. Jeder Schüler schreibt zunächst seinen Namen auf einen Zettel, faltet ihn zusammen und legt ihn in einen kleinen Korb. Nun darf jeder den Namen eines anderen Schülers ziehen. Hat jemand zufällig seinen eigenen Zettel in der Hand, legt er ihn wieder zurück und zieht einen neuen. Die Namen bleiben aber streng geheim!

Nun soll jeder Schüler seinem gezogenen „Paten" eine Woche lang etwas Gutes tun, ohne aber dass dieser es merkt, wer ihn wohl bewichtelt.

Schreiben Sie gemeinsam mit den Schülern einige Beispiele für „gute Taten" auf: Man könnte z.B. heimlich den Platz des „Paten" aufräumen, die Jacke aufhängen, wenn diese auf dem Boden liegt, auf dem Schulhof mit ihm spielen, ihm eine kleine Überraschung oder benötigte Hilfe zukommen lassen. Hier gibt es unzählige Möglichkeiten.

Am Ende der Woche kommen alle wieder im Sitzkreis zusammen und berichten über ihre Erfahrungen mit den Wichteln. Lassen Sie nun die Kinder raten, wer wohl ihr „Wichtel" gewesen sein könnte.

Kommentar

Hierbei lernen die Schüler, sich aufmerksam gegenüber ihren Mitschülern zu verhalten. Es ist ein tolles Gefühl zu wissen, dass sich irgendjemand besonders um einen kümmert. Ebenso gut fühlen sich die Kinder natürlich auch als „heimliche Helfer". Das schafft eine vertrauensvolle Grundatmosphäre. Achten Sie drauf, dass wirklich niemand verrät, wen er bewichtelt.

Big Applause

Ziel	🔊	stärkt das Selbstwertgefühl
Dauer	🔊	ca. 10 – 15 Minuten
Material	🔊	–
Sozialform	🔊	Kleingruppen

So geht's

Die Schüler bilden Gruppen zu dritt oder zu viert (s. Band 1, ab S. 75). Jede Gruppe hat nun die Aufgabe, sich eine besondere Form für einen großartigen Applaus auszudenken. Natürlich könnten sie einfach in die Hände klatschen, aber hoffentlich fällt ihnen da noch mehr ein.

Die Kinder könnten z.B. einen „Regenapplaus" konstruieren, der ganz, ganz leise anfängt, dann immer lauter wird und dann wieder leise abklingt.
Das ist so erfrischend wie eine Dusche am Morgen. Es gibt aber auch den „Raketenapplaus", der mit Klatschen anfängt, dann Händetrommeln dazuerhält, mit Fußtrampeln zum Höhepunkt steuert und zum Schluss mit einem lauten *„Hurra!"* zum Raketenstart abschließt.

Der Fantasie sind hierbei also keine Grenzen gesetzt. Wenn alle Gruppen ihren Applaus vorbereitet haben, spendet immer abwechselnd eine Gruppe allen anderen ihren speziellen Applaus. So können alle einmal genießen, sich wie ein Star zu fühlen.

Kommentar

Ohne spezielle Leistung, einfach nur so, einen Applaus zu bekommen, ist für viele Schüler eine ganz neue Erfahrung. Einige finden das beim ersten Mal auch etwas peinlich, aber beim zweiten oder spätestens dritten Applaus genießen auch die coolsten Schüler die unerwartete Anerkennung. Machen Sie am besten selbst mit. Sie werden sehen, wie gut es tut!

Bauch-Beine-Ballon

Ziel		fördert Kooperation und motorische Fähigkeiten
Dauer		ca. 15 Minuten
Material		Luftballons (ca. 5 – 8)
Sozialform		Gruppenarbeit

So geht's

Die Schüler bilden Gruppen von 5 oder 6 Kindern. Jede Gruppe muss zunächst einmal einen Luftballon aufpusten. Anschließend fasst sich die Gruppe an den Händen und bildet einen Kreis. Nun muss jeder versuchen, den Luftballon, ohne ihn mit den Armen anzufassen, dem Nächsten weiterzureichen, sodass der Luftballon eine Runde im Kreis dreht.

Dies ist gar nicht so einfach, vor allem, wenn sich alle Gruppenmitglieder weiterhin an den Händen halten müssen. Aber die Kinder dürfen den Ballon ja mit dem Bauch, den Knien oder auch Füßen herumgeben. Sogar Pusten ist erlaubt. Der Ballon darf aber nicht den Boden berühren.

Variante

Sie können auch schwerere Gegenstände auswählen, die herumgereicht werden müssen (ein Kissen, einen Softball). In dem Fall kann der Gegenstand natürlich nicht durch leichtes Anstoßen weitergegeben werden, sondern es muss ununterbrochener Körperkontakt zwischen den Kindern und dem Gegenstand bestehen.

Kommentar

Diese präzise Übung eignet sich gut als Aufwärm- und Geschicklichkeitsspiel im Sportunterricht. Sie können daraus auch ein Wettspiel auf Zeit mit mehreren Gruppen machen.

Wir schaffen das!

Ziel	◉	ermuntert und spornt an
		für kommende Aufgaben
Dauer	◉	ca. 3 – 5 Minuten
Material	◉	–
Sozialform	◉	ganze Klasse am Platz oder im Sitzkreis

So geht's

Leider wird in der Schulpraxis noch immer häufiger kritisiert, als dass präzises Lob oder ermunternde Worte ausgesprochen werden. Das kann sich heute ändern.

Die Schüler stehen im Kreis. Nun üben alle einen einfachen Rhythmus ein: Hierzu bücken sich alle, sodass die Finger den Boden erreichen, und wippen 2-mal, dann stellen sich alle wieder auf, patschen 2-mal auf die Oberschenkel, klatschen anschließend 2-mal in die Hände und strecken zum Schluss 2-mal die Arme nach oben.

Mit jeder Bewegung wird nun eine positive Handlung oder ein positives Wort verknüpft. Zum Wippen z.B. ein freundlicher Blickkontakt mit einem Lächeln an alle, zum Patschen auf die Oberschenkel ein freundliches *„Hallo!"*, zum Hände-klatschen ein lautes *„Wir schaffen das!"* und zum Armestrecken ein *„Ja klar!"*.

Kommentar

Dieses Spiel kann auch ein sehr aufmunterndes Ritual vor Klassenarbeiten oder anderen bevorstehenden Prüfungen sein. Es eignet sich aber genauso für einen Stundenbeginn oder den Tages-Abschlusskreis.

Eisschollen-Jagd

Ziel	◉	fördert Reaktionsvermögen und Hilfsbereitschaft
Dauer	◉	ca. 10–20 Minuten
Material	◉	große Pappstücke in Schüleranzahl
Sozialform	◉	ganze Klasse in Bewegung

So geht's

In nördlichen Gewässern treiben (noch) viele Eisschollen. Für Eisbären sind diese kleinen „Inseln" lebenswichtig zur Robbenjagd. Doch aufgepasst, diese schmelzen auch sehr schnell! Jeder „kleine Eisbär" erhält ein großes Stück Pappe, die auf den Boden gelegt werden muss. Jeder steht nun auf einer „Eisscholle".

Wenn die Musik beginnt, gehen nun alle Kinder durcheinander von Eisscholle zu Eisscholle. Niemand darf länger als 1 Sekunde auf einer Scholle stehen bleiben. Zwischendurch nehmen Sie eine Pappe weg – diese Eisscholle ist schon geschmolzen (Klimaerwärmung im Zeitraffer).

Wenn die Musik stoppt, müssen sich alle Eisbären schnell auf eine Eisscholle retten. Da jetzt ein Kind übrig geblieben ist, muss es sich nun auf die Pappe eines anderen Kindes mit dazustellen. Und weiter geht die Reise. Wieder wird ein Stück Pappe weggenommen. So wird der Kreis von Runde zu Runde immer kleiner, und immer mehr Schüler müssen sich Platz auf den restlichen Pappen suchen.

Kommentar

Es ist sehr lustig, mit welchen Verrenkungen es die Schüler immer wieder schaffen, auf einer kleinen Eisscholle dicht beisammenzustehen.
Über dieses symbolhafte Spiel können Sie gut verdeutlichen, warum bedrohte Tierarten durch Einschränkung ihres Lebensraumes so gefährdet sind.

Schatzsuche im Sand

Ziel	))	motiviert zur Anstrengung durch ein schönes Belohnungsritual
Dauer	))	ca. 30 Minuten Vorbereitung, Ritual: 2 Minuten
Material	))	stabile Holzkiste, Sand, kleine Überraschungen
Sozialform	))	–

So geht's

Stellen Sie doch für besondere Gelegenheiten gemeinsam eine Schatzkiste her.
Dies kann eine große Holzkiste sein, die je nach Bedarf verziert werden kann.
Dies sollten alle Schüler gemeinsam tun. Anschließend wird die Kiste bis
zum Rand mit Sand befüllt.

In dieser Schatzkiste verstecken Sie nun einige Kleinigkeiten (wie bunte Stifte,
kleine Gummibärchen-Tütchen, Mini-Büchlein, lustige Radiergummis),
sodass sie im Sand nicht mehr zu sehen sind.
Alternativ können Sie aber auch kleine Zettelchen mit Botschaften verstecken,
wie etwa:
„Du brauchst heute keine Hausaufgaben zu machen",
„Du darfst dich für einen Tag neben einen Partner deiner Wahl setzen",
„Du darfst dir dein Lieblingslied für den Morgenkreis wünschen",
„Beim nächsten Spiel bist du Spieleiter" oder
„Du darfst vor der Klasse deinen Lieblingswitz erzählen".

Nun wird die Schatzkiste mit einem Deckel verschlossen.
An besonderen Tagen, bei außergewöhnlichen Ereignissen oder als Belohnung für
gewonnene Spiele darf nun immer mal wieder ein Schüler einen kleinen Schatz aus
der Kiste bergen.

Kommentar

Diese Schatzkiste ist heiß begehrt. Gerade die immateriellen Werte werden von
vielen Schülern bevorzugt. Sie können sich ja auch gemeinsam kleine Belohnungen
ausdenken. Setzen Sie die Schatzkiste lieber etwas seltener ein, umso höher ist ihr
Stellenwert bei den Schülern.

Klassen-Puzzle

Ziel	◉	fördert Kreativität und Kooperation
Dauer	◉	ca. 45 Minuten
Material	◉	DIN-A2-Plakat für jedes Team, Stifte
Sozialform	◉	Großgruppen

So geht's

Legen Sie mit den Schülern ein gemeinsames Puzzlemotiv fest. Bewährt haben sich z.B. die Themen „Zoo", „Schulhof" oder „Abenteuerspielplatz".

Teilen Sie die Klasse am besten in 4 Gruppen ein (s. Band 1, ab S. 75), wobei jede Gruppe ein DIN-A2-Plakat erhält, auf dem sie ihren Teil des gesamten Puzzles malen soll:

Vielleicht malt Gruppe 1 zum Thema „Zoo" die Gehege mit den Elefanten und Zebras, Gruppe 2 die Tiger und anderen Raubtiere, Gruppe 3 die Flamingos und Wasservögel und Gruppe 4 die Giraffen und Orang-Utans.

Achten Sie unbedingt darauf, dass der Hintergrund der unterschiedlichen Bildteile immer gleich gestaltet wird, z.B. in Grün, damit hinterher alle vier Teile zusammengefügt werden können und wie ein einziges Bild aussehen.

Nachdem alle Gruppen ihren Bildteil fertig gemalt haben, dürfen sie diesen nun in Puzzleteile zerschneiden (je jünger die Kinder, desto größer sollten die Puzzleteile sein). Die Teile aller Gruppen werden gemischt. Anschließend hat nun die ganze Klasse die gemeinsame Aufgabe, das Puzzle komplett zusammenzusetzen.

Kommentar

Die Schüler können hierbei sehr gut auf dem Boden malen, was viele besonders gerne machen. Kleben Sie zur besseren Haltbarkeit das Puzzle vor dem Zerschneiden auf festen Karton auf.

Neptuns Welle

Ziel	)))	lockert den Körper und hilft zur Aufmunterung vor konzentrierten Arbeitsphasen
Dauer	)))	ca. 15 Minuten
Material	)))	–
Sozialform	)))	ganze Klasse im Sitzkreis

Klassenklima

So geht's

Die Schüler sitzen auf ihren Stühlen im Kreis. Es ist ein Stuhl zu wenig vorhanden, sodass ein Schüler im Kreis steht. Dieser ist Neptun, der Freund der Wellen.

Nun darf Neptun rufen: *„Alle Wellen bewegen sich nach links!"*, und alle Kinder müssen sich nacheinander hinstellen und einen Stuhl nach links weiterrücken (das Kind rechts vom freien Platz macht den Anfang).

Neptun kann natürlich auch rufen: *„Alle Wellen bewegen sich nach rechts!"*, und nun müssen alle Kinder in einer Wellenbewegung nach rechts rücken (in dem Fall beginnt das Kind links vom freien Platz). Neptun kann sich an seinen Wellen erfreuen, die er auf die Reise schickt. Wird es ihm aber zu langweilig, so muss er sich schnell einen noch nicht besetzten Stuhl suchen. Das Kind, das nun keinen Stuhl mehr hat, wird der nächste Neptun.

Kommentar

Hier kommt es besonders auf die Abstimmung an. Setzen Sie dieses Spiel einfach zur Auflockerung zwischendurch ein. Für die Kinder ist es eine Herausforderung, die Welle immer schneller werden zu lassen.

Kompliment, Kompliment!

Ziel	⊚	fördert das Selbstwertgefühl
Dauer	⊚	ca. 45 Minuten
Material	⊚	DIN-A5-Blätter entsprechend der Schüleranzahl, Körbchen zum Einsammeln
Sozialform	⊚	ganze Klasse am Platz

So geht's

Zu Beginn der Stunde werden positive Eigenschaften an der Tafel gesammelt, wie *freundlich, nett, hilfsbereit, verlässlich, fröhlich* usw.

Nun erhält jeder Schüler ein Blatt, auf das er lediglich seinen Namen schreibt. Danach faltet jeder sein Blatt und legt es in das Körbchen, das herumgereicht wird. Nachdem Sie alle Zettel gut durchgemischt haben, wird der Korb nochmals herumgereicht. Diesmal zieht jeder Schüler einen Zettel heraus und liest still den Namen. Zieht jemand zufällig seinen eigenen Namen, legt er den Zettel wieder in den Korb und zieht einen neuen.

Auf diesen Zettel schreibt nun jeder Schüler passend zum Namen drei positive Eigenschaften für die entsprechende Person.
Beispiel: Tim zieht einen Zettel, auf dem „Anna" steht. Er überlegt, welche drei positiven Eigenschaften auf Anna zutreffen (vielleicht: *hilfsbereit, klug, ehrlich*), schreibt sie auf den Zettel, faltet ihn wieder und legt ihn in den Korb zurück. Er schreibt aber nicht seinen eigenen Namen dazu.

Nachdem alle Zettel wieder eingesammelt sind, erfolgt nun die feierliche Überreichung: Jeder Schüler darf nach vorne kommen, wieder zufällig einen Zettel ziehen und laut den Namen mit den positiven Eigenschaften vorlesen. Anschließend darf er den Zettel dem entsprechenden Schüler zu tollem Applaus überreichen. Da niemand weiß, wer die drei positiven Eigenschaften aufgeschrieben hat, erfolgt meistens von selbst eine freudige Diskussion darüber, von wem wohl welcher Zettel stammen könnte.

Variante

Da Schulanfänger in der Regel noch nicht viel (außer ihren Namen) schreiben können, dürfen sie auf das Blatt ein Geschenkbild malen. Das kann ein bunter Stein, ein liebevolles Herz, eine wunderschöne Blüte oder Ähnliches sein. Auch hier werden die Blätter wieder eingesammelt, aber anschließend von Ihnen für alle gezeigt und verteilt. Über so ein schönes gemaltes Geschenk freuen sich schon die Jüngsten.

Klassenklima

Kommentar

Dieses Spiel sorgt immer für gute Laune. Besonders verhaltensauffällige Schüler reagieren zunächst beinahe schüchtern, wenn sie ein Blatt mit positiven Eigenschaften erhalten. Wichtig: Am Anfang sollten Sie darauf hinweisen, dass für jedes Kind (auch wenn es nicht der eigene Freund/die eigene Freundin ist) positive Eigenschaften gefunden werden. Die fröhliche Stimmung dieses Spiels hält häufig noch lange an.

Ab durch die Mitte!

Ziel		fördert Koordination und Rücksichtnahme
Dauer		ca. 10 – 15 Minuten
Material		evtl. Augenbinden
Sozialform		ganze Klasse in Bewegung, 2 Teams

So geht's

Für dieses Spiel sollten Sie im Klassenraum die Tische zur Seite räumen. Sie können es bei schönem Wetter aber auch auf einem begrenzten Feld auf dem Schulhof spielen.

Die Klasse wird in 2 Teams geteilt. Beide Teams stellen sich gegenüber in 2 Reihen auf. Nun müssen beide Gruppen versuchen, gleichzeitig und auf gleicher Höhe durch die Reihen des anderen Teams hindurchzugehen, ohne jemanden zu berühren. Dies erscheint zunächst recht einfach. Aber je enger der Platz ist, desto schwieriger wird es. Da muss man schon genau aufpassen, sich schmal machen oder auch mal seitlich hindurchhuschen.

Variante

Schwieriger wird es natürlich, wenn Sie den Schülern die Augen verbinden, da sie sich nur auf akustische und haptische Wahrnehmung der anderen verlassen können. Hierzu sollte der Seitenwechsel mit geöffneten Augen problemlos funktionieren.

Kommentar

Ziel ist es nicht, möglichst schnell auf die andere Seite zu kommen, sondern sehr vorsichtig mit seinen Mitschülern umzugehen. Zunächst ist ein solch vorsichtiger Umgang vielen Schülern unbekannt.
Die meisten werden beim ersten Mal einfach losrennen. Doch die Kinder lernen schnell, dass sie nur durch gute Koordination zum Ziel kommen.

Süße Verbindung

Ziel	🔊	fördert die Teamfähigkeit und Koordination
Dauer	🔊	ca. 10–15 Minuten
Material	🔊	Bonbons oder andere Süßigkeiten
Sozialform	🔊	Kleingruppen

So geht's

Die Schüler bilden 3er-, 4er- oder 5er-Gruppen. Nun verstreuen Sie selbst im
Klassenraum (evtl. bei schönem Wetter auch draußen) wahllos Bonbons auf dem
Fußboden. Die Gruppen haben nun die Aufgabe, sich untereinander alle an die
Hand zu nehmen und so viele Bonbons wie möglich aufzusammeln. Die Schüler
dürfen sich dabei auf keinen Fall loslassen! Dies erfordert einiges an Koordinations-
fähigkeit und Absprache. Diejenige Gruppe, die die meisten Bonbons gesammelt
hat, gewinnt. Natürlich dürfen alle am Ende ihre Bonbons naschen.

Variante

Etwas schwieriger wird es, wenn sich die Mitglieder eines Teams nicht absprechen,
sondern nur nonverbal kommunizieren dürfen.

Kommentar

Sie dürfen gespannt sein, welche Strategien die Schüler entwickeln, um an die
begehrten Bonbons heranzukommen. Manche lernen hierbei wirklich sehr schnell,
wie sie gut im Team zusammenarbeiten können.

Luftballonschlange

Ziel		fördert rücksichtsvolles und vorausschauendes Handeln
Dauer		ca. 15–20 Minuten
Material		Luftballons in Schüleranzahl
Sozialform		ganze Klasse in Bewegung

So geht's

Dieses Spiel gelingt sowohl mit der ganzen Klasse als auch in mehreren Gruppen. Dazu werden zunächst genügend Luftballons aufgeblasen (ein Luftballon weniger, als Schüler in der Gruppe sind). Alle Kinder stellen sich nun hintereinander und klemmen immer zwischen sich und den Vorderpartner einen Luftballon, den sie nur mit dem Bauch an den Rücken des anderen halten dürfen. Wenn die Schüler eine Luftballonschlange gebildet haben, müssen sie nun verschiedene Wege ablaufen.

Sie können, wenn Sie möchten, vorher einen kleinen Parcours festlegen, den die Gruppen bewältigen müssen. Welche Gruppe schafft dies am schnellsten, ohne dass ein Ballon zu Boden fällt?

Kommentar

Je mehr Schüler in einer Gruppe sind, desto schwieriger wird es natürlich. Ideal sind hier Gruppen von 5–8 Schülern.
Die Schüler lernen hierbei schnell, dass man als Anführer der Schlange nicht zu schnell vorpreschen darf, da sonst die anderen ihre Ballons verlieren. Die hinteren Mitglieder müssen eher das Tempo vorgeben. Es kommt also auf vorausschauendes Handeln und gegenseitiges Einfühlen an.

Streicheleinheiten

Ziel	🎧	verhilft zu starkem Selbstwertgefühl und Akzeptanz
Dauer	🎧	ca. 5–10 Minuten
Material	🎧	–
Sozialform	🎧	ganze Klasse im Steh- oder Sitzkreis

Klassenklima

So geht's

Alle Schüler stehen im Kreis. Jeder soll anderen nun etwas Gutes tun. Ein Schüler beginnt, geht zunächst im Kreis herum und bleibt vor irgendeinem anderen Kind stehen. Dieses muss nun etwas Positives zu dem Schüler in der Mitte sagen, wie etwa
„Du hast schöne Augen" oder
„Ich mag an dir, dass du mir immer einen Stift leihst" oder
„Du kannst so toll lächeln".

Auch wenn man jemanden nicht so ganz besonders mag, gibt es sicherlich irgendetwas Nettes, das man sagen kann. Alternativ ist es natürlich auch möglich, den Schüler in der Mitte einfach nur zu umarmen oder ihm anerkennend auf die Schulter zu klopfen. Nach fünf „Streicheleinheiten" sucht sich das Kind in der Mitte einen Nachfolger.

Variante

Sie können das Spiel auch als Lobdusche spielen. Hierzu setzt sich ein Kind in die Mitte. Reihum muss nun jeder etwas Nettes sagen, bis alle einmal dran waren. Unter die Lobdusche können als Ritual zum Stundenende auch 2 Kinder gehen.

Kommentar

Die meisten Schüler genießen es sehr, einmal nur um ihrer selbst willen im Mittelpunkt zu stehen und gelobt zu werden.
Sie können eine kurze Reflexion anschließen, wie sich die Kinder in der Mitte gefühlt haben, aber auch, wie es für die anderen ist, selbst Komplimente zu machen.

Zwölf Finger

Ziel		fördert Empathie und taktisches Kombinieren
Dauer		ca. 15 Minuten
Material		–
Sozialform		Kleingruppen

So geht's

Die Schüler bilden 3er-, 4er- oder 5er-Gruppen. Bei diesem Spiel kommt es darauf an, ein Gespür für die Gruppe zu bekommen.

Jedes Team bildet einen kleinen Kreis und streckt beide Fäuste in die Mitte. Auf das Kommando „3 – 2 – 1 – *jetzt!*" streckt nun jeder seine Hände aus und zeigt eine beliebige Anzahl seiner Finger.
Ziel ist es, dass alle Schüler eines Teams auf die Zahl 12 kommen müssen. Insgesamt sollten in der Mitte jedes Teams also genau 12 Finger zu sehen sein. Da man aber nicht weiß, wie viele Finger die anderen zeigen werden, ist dies ganz schön schwierig und erfordert ein hohes Einfühlungsvermögen in die anderen.

Man darf sich natürlich vorher auch nicht absprechen. Welches Team diese Aufgabe zuerst gelöst hat, darf die anderen Teams anschließend beraten, wie sie es am schnellsten schaffen können.

Kommentar

Hier bedarf es im wahrsten Sinne des Wortes eines guten Fingerspitzengefühls. Nach einigen Runden verbessert sich die Trefferquote schnell. Jeder muss die Entscheidungen der anderen ständig in das eigene Handeln mit einbeziehen.

Bitte recht freundlich!

Ziel	⊚	stärkt den positiven Selbstausdruck, fördert Empathie und taktisches Kombinieren
Dauer	⊚	ca. 15 Minuten
Material	⊚	–
Sozialform	⊚	Partnerarbeit oder 3er-Gruppen

So geht's

Dieses Spiel eignet sich am besten zu zweit oder zu dritt.
Jedes Team überlegt sich 3 positive Zeichen, z.B. ein freundliches Gesicht machen, den Daumen nach oben halten, in die Hände klatschen, *„Super!"* rufen oder vielleicht eine Verbeugung vor den anderen machen.

Nachdem sich die Gruppen auf 3 Zeichen geeinigt haben, drehen sich nun alle im Team Rücken an Rücken. Auf das Kommando *„Recht freundlich!"* drehen sich nun alle Gruppenmitglieder in die Mitte um.
Jeder zeigt nun eines der 3 abgestimmten Zeichen. Haben die Schüler zufällig dasselbe Zeichen vorgemacht, so hat das Team gewonnen.
Haben sie unterschiedliche Zeichen gezeigt, müssen sie weiterspielen, bis sie übereinstimmen.

Kommentar

Da es bei diesem Spiel nur positive Zeichen gibt, sieht man beim Umdrehen also jedes Mal in ein freundliches Gesicht. Das hebt natürlich die Stimmung. Lassen Sie auch solche Kinder miteinander spielen, die eigentlich nicht so gut zusammen auskommen. Am besten stellen Sie die Gruppen durch ein Losverfahren zufällig zusammen (s. Band 1, ab S. 75).
Auch bei diesem Spiel ist (wie bei „Zwölf Finger", s. S. 30) taktisches Kombinieren und Einfühlungsvermögen gefragt.

Glückskoffer

Ziel		fördert bewusst positive Kommunikation
Dauer		ca. 20 Minuten
Material		–
Sozialform		ganze Klasse im Sitzkreis

So geht's

Alle sitzen im Kreis. Das Spiel funktioniert wie das berühmte „Kofferpacken",
aber ausschließlich mit fröhlichem Inhalt.

Ein Schüler beginnt und sagt:
„Ich packe in meinen Koffer viel Freude ein und schenke ihn dir."

Nun ist der Nächste an der Reihe, der den Satz wiederholt und etwas Neues
hinzufügt:
*„Ich packe in meinen Koffer viel Freude und eine Tafel Schokolade
und schenke ihn dir."*

Nun geht es wieder weiter:
*„Ich packe in meinen Koffer viel Freude, eine Tafel Schokolade
und gute Laune und schenke ihn dir."*

Auf diese Weise wird der Koffer einmal im Kreis weiterverschenkt, bis alle dran
waren oder die Kinder aufgrund der Komplexität nicht mehr weiterwissen.
Ist die Klasse sehr groß, teilen Sie sie am besten in mehrere Gruppen ein.

Kommentar

Es tut den Schülern richtig gut, sich imaginäre positive Sachen zu überlegen, die
man weiterverschenken kann. Es fühlt sich dabei fast wie ein richtiges Geschenk
an. Zusätzlich wird bei diesem Spiel die Merkfähigkeit gefördert.

Klassenmaskottchen

Ziel	🔊	verhilft zur gemeinsamen Identifikation der Klasse
Dauer	🔊	ca. 2 Unterrichtsstunden
Material	🔊	Gitterdraht, Kleister, Papier, Pappe, Farben, Glitzermaterial, Wolle, Stoffreste etc.
Sozialform	🔊	Kleingruppen

So geht's

Ein Klassenmaskottchen hat nicht jede Klasse und ist daher etwas ganz Besonderes. Überlegen Sie mit den Schülern gemeinsam, wie so ein Maskottchen wohl aussehen könnte – wie ein Fabelwesen oder eher wie ein Tier?
Welche Aufgabe könnte ein Klassenmaskottchen wohl haben?
Es kann aufmuntern, Trost spenden, entspannend wirken, zu einer guten Atmosphäre beitragen, ein Zusammengehörigkeitsgefühl vermitteln.

Bilden Sie Gruppen zu 4 oder 5 Schülern. Jedes Team sollte einen Teil des Maskottchens herstellen, also ein Team den Kopf, ein anderes Team den Bauch, wieder ein anderes die Füße oder Hände.
Besonders eindrucksvoll wird es, wenn Sie aus Drahtgeflecht, Kleister und Papier ein Pappmaschee-Maskottchen mit den Schülern bauen, das hinterher noch kunterbunt angemalt werden kann.

Verzieren Sie es mit Dekomaterial wie Glitzersteinen, Wolle, buntem Stoff und allem, was Sie zur Hand haben.

Durch die Gruppenaufteilung kann jedes Team individuell etwas zum Maskottchen beitragen. Am Schluss muss natürlich auch ein Name gefunden werden. Die Schüler können hierfür Namensvorschläge machen, über die dann geheim oder gemeinsam abgestimmt wird.

Kommentar

Ein Maskottchen schafft eine ganz besondere Identifikationsfigur und gutes Zusammengehörigkeitsgefühl in der Klasse.

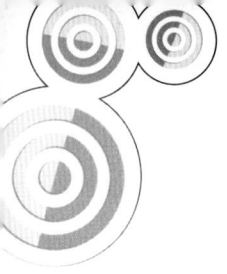

Unterrichtsziele spielend erreichen:

Die besten Spiele, um Lerninhalte zu festigen

Kapitel 2

Die besten Spiele, um Lerninhalte zu festigen

Die Stunde oder Unterrichtseinheit geht in die entscheidende Phase. War die Arbeitszeit produktiv und zielgerichtet? Haben die Schüler auch wirklich alles verstanden? Aber auch: Wie können Sie die Schüler am besten auf eine Klassenarbeit oder einen Test vorbereiten?

Dies sind Fragen, die sich immer zum Abschluss einer Unterrichtseinheit stellen. Um die Schüler noch einmal bestens zu motivieren, bietet sich vor allem eine spielerische Festigung der Lerninhalte an.

Statt ermüdende Arbeitsblätter auszufüllen, fasst die Klasse das Thema viel lieber noch einmal spielerisch zusammen. Hierbei merken die Schüler oft selbst, ob noch Fragen vorhanden sind, und können sich am besten gegenseitig unterstützen, wie z.B. im „Fragen-Karussell" (s. S. 42).

Besonders gerne gestalten sie auch selbst kleine Rätsel, die dann von anderen Gruppen bearbeitet werden müssen, wie das „Lern-Labyrinth" (s. S. 51) oder „Domino" (s. S. 52). Somit lernen die Schüler einerseits mehr Selbstständigkeit, andererseits aber auch, sich selbst mit ihren Fähigkeiten realistisch einzuschätzen.

Möchten Sie Wissen mit Glück verbinden, dann spielen Sie doch einmal „Die Münze macht's" (s. S. 47), ein sehr beliebtes Spiel, das auch strategisches Denken fördert, ebenso wie „Buchstaben versenken" (s. S. 56).

Jeder kommt dran, und jeder darf auch einmal danebenliegen. Das macht aber nichts, denn die Unterstützung der Gruppe ist immer garantiert. Insofern sinkt bei vielen Schülern auch die Angst vor Klassenarbeiten oder Tests, denn im Spiel fällt es vielen leichter, Schwächen wahrzunehmen und diese in Stärken umzuwandeln.

Zweimal wahr, einmal falsch

Ziel	🔊	trainiert das analytische Denken
Dauer	🔊	ca. 15 – 20 Minuten
Material	🔊	–
Sozialform	🔊	2 Großgruppen

Lerninhalte festigen

So geht's

Spielen Sie dieses Spiel am besten in 2 Teams.
Zunächst beginnt Team A und stellt 3 Behauptungen zum aktuellen
Unterrichtsthema auf, wovon 2 wahr sein müssen, eine aber falsch ist.

Ein Beispiel zum Thema „Getreide":
„Bekannte Getreidesorten sind Hafer, Roggen und Sonnenblumenkerne."
Nun muss Team B herausfinden, was an dieser Aussage nicht stimmt.
Wenn Team B die falsche Aussage herausgefunden und korrigiert hat,
erhält es einen Punkt an der Tafel, falls nicht, bekommt Team A den Punkt.

Aber Vorsicht: Ist eine Aussage in sich nicht stimmig, erhält auch das andere Team
den Punkt. So muss das Team sehr sorgfältig seine Aussage überlegen, damit es für
die anderen nicht zu leicht wird. Anschließend wird gewechselt, und Team B gibt
Team A 3 Aussagen vor. Welches Team hat die meisten gemogelten entdeckt?

Variante

Um das Spiel leichter zu gestalten, kann auch nur eine wahre mit einer falschen
Aussage kombiniert werden. Der Clou des Spiels ist, die Aussagen so zu wählen,
dass beide durchaus möglich sein könnten.

Kommentar

Indem sich die Schüler spielerisch mit Fakten ihres Themas auseinandersetzen,
lernen sie hierbei einiges, an das sie sich nachhaltig erinnern.

Vorsagen erlaubt

Ziel		fördert strategisches Denken und Kommunikation
Dauer		ca. 20 – 30 Minuten
Material		vorbereitete Frage- und Antwortkärtchen
Sozialform		3er- oder 4er-Gruppen

So geht's

Die Schüler bilden 3er- oder 4er-Teams. Jedes Team erhält Kärtchen mit Fragen, die Sie vorbereitet haben. Auf der Rückseite steht bereits die Antwort. Diese darf aber noch nicht angeschaut werden. Wenn die Schüler schon älter sind, können sie auch selbst zum Unterrichtsthema Fragen mit Antworten finden, die dann ein anderes Team beantworten muss.

Jeweils ein Team-Mitglied liest nun eine Frage vor, und die anderen versuchen, eine Antwort zu finden. Es darf aber einen Schüler als „Joker" bestimmen, der als Einziger die richtige Antwort lesen darf. Das Team muss nun selbst entscheiden, ob es sich sicher genug für die richtige Antwort fühlt oder ob es lieber den Joker einsetzen möchte. Man darf den Joker allerdings nur bei der Hälfte der Fragen in Anspruch nehmen. Der Clou ist, dass der Joker die Antwort nicht einfach sagt, sondern nur stumm formulieren darf. Die anderen müssen die Antwort also von den Lippen ablesen. Wenn sie die Antwort schon in etwa gewusst haben, ist es leicht, wenn man aber gar keine Ahnung von der Antwort hat, muss man schon genau hinsehen. Für jede richtige Antwort erhält das Team einen Punkt. Welches Team die meisten richtigen Antworten genannt hat, gewinnt.

Kommentar

Hier lernen die Schüler, selbst Entscheidungen zu treffen und eigenverantwortlich zu handeln, indem sie gemeinsam überlegen, ob sie den Joker einsetzen wollen. Hier sollte jeder einmal Joker sein dürfen.

Wettpantomime

Ziel	◉	verbessert die Motorik
Dauer	◉	ca. 15 – 20 Minuten
Material	◉	evtl. Liste mit Begriffen
Sozialform	◉	2 Großgruppen

So geht's

Für dieses Spiel bilden Sie 2 Teams. Jedes Team darf sich nun 5 Begriffe zum Unterrichtsthema ausdenken, die es pantomimisch vorführen möchte. Alternativ können Sie aber auch jeweils 5 Begriffe vorgeben, von denen Sie wissen, dass man sie auch wirklich gut mit dem Körper zeigen kann.

Nun beginnt Team A und spielt pantomimisch einen Begriff vor. Dies kann ein einzelner Schüler machen, es können sich aber auch mehrere Kinder beteiligen. Team B muss jetzt raten, um was es sich handelt. Wenn Team B dies schafft, erhält es einen Punkt an der Tafel. Hat Team B den Begriff nicht erraten, erhält Team A den Punkt. Anschließend wird gewechselt.

Variante

Möchten Sie das Spiel etwas einfacher gestalten, schreiben Sie im Vorfeld alle zu ratenden Begriffe an die Tafel. So kann die ratende Gruppe aus den Möglichkeiten auswählen.

Kommentar

Es ist häufig auffällig zu beobachten, dass Kinder des eigenen Teams mitraten, obwohl sie den Begriff ja kennen. Einige Schüler können sich dann nicht bremsen und müssen den Begriff einfach in die Klasse rufen. Das ist natürlich der Vorteil für das andere Team, das jetzt in aller Ruhe den richtigen Begriff nennen kann. So lernen die Schüler ganz nebenbei, dass man manchmal auch etwas diszipliniert sein muss.

Suchsel de luxe

Ziel		trainiert strukturiertes Denken und Problemlösen
Dauer		ca. 35 – 45 Minuten
Material		Kopiervorlage, S. 41
Sozialform		Einzelarbeit

So geht's

Ein Suchsel ist ein Gitterätsel, in dem waagerecht, senkrecht oder diagonal verschiedene Begriffe versteckt sind. Die Schüler müssen diese finden und einkreisen. Schreiben Sie ca. 10 verschiedene Begriffe zu Ihrem Thema hinein, und füllen Sie die Lücken mit beliebigen Buchstaben auf. Schon ist Ihr Suchsel fertig. Schreiben Sie außerdem alle Begriffe, die gefunden werden müssen, klein neben die Kästchen oder an die Tafel.

Ein solches vorgegebenes Suchsel ist ein schönes Zusatzangebot, was fast allen Kindern Spaß macht. Wirklich pädagogisch wertvoll wird es aber erst, wenn die Kinder selbst ein Suchsel für ihre Mitschüler entwickeln.
Dabei trainieren die Kinder, auf die Rechtschreibung von relevanten Begriffen zu achten, und lernen, in Strukturen zu planen.

Auf der folgenden Seite finden Sie ein leeres Suchsel, das Sie am Kopierer auf DIN-A4-Format vergrößern sollten.

Variante

In einem etwas schwierigeren Suchsel können Sie die Wörter auch so verstecken, dass sie rückwärts oder sogar um die Ecke gelesen werden können. Diese Variante eignet sich aber erst für ältere Schüler.

Kommentar

Suchsel sind zwar keine pädagogischen Wunderwerke, motivieren Kinder aber durch ihren Rätsel-Charakter enorm. Verwenden Sie es als Ergänzungsangebot in Ihrer Unterrichtseinheit.

Suchsel

Fragen-Karussell

Ziel	◎	verbessert Fragetechniken und Kommunikation
Dauer	◎	ca. 15–20 Minuten
Material	◎	evtl. Fragenblatt der Schüler
Sozialform	◎	doppelter Sitzkreis

So geht's

Das Unterrichtsthema ist bereits abgeschlossen, aber irgendwie haben Sie das Gefühl, dass doch noch ungeklärte Fragen vorhanden sind? Einige Schüler trauen sich nicht, noch einmal nachzufragen? Dann bietet sich dieses Fragen-Karussell bestens an.

Zunächst schreibt jeder an seinem Platz einige Fragen auf, die ihn noch beschäftigen. Danach setzen sich die Schüler in 2 Kreisen (ein Innen- und ein Außenkreis) gegenüber. Damit niemand schon zu Beginn vor seinem üblichen Nachbarn sitzt, lassen Sie den Innenkreis einfach 2 Plätze weiterrücken. Nun fangen die Kinder im Innenkreis an und stellen den Partnern im Außenkreis ihre Fragen.

Eventuell notieren sich die Kinder die Antworten schriftlich auf Karteikärtchen. Nach 3–5 Minuten wechselt der Innenkreis wieder einen Platz weiter. Jeder hat nun einen neuen Partner. Jetzt können weitere Fragen gestellt werden. Anschließend wird noch einmal gewechselt. Dann werden die Rollen getauscht: Jetzt rückt der Außenkreis einen Platz weiter und darf dem Innenkreispartner Fragen stellen. Auch hier wird wieder nach 3–5 Minuten 2-mal gewechselt. Anschließend können noch die letzten offenen Fragen gemeinsam besprochen werden.

Kommentar

Dies ist ein sehr gutes Training vor Klassenarbeiten. Alles darf noch einmal angesprochen werden, und zwar so, dass in kürzester Zeit auch alle drankommen. Das erspart Zeit und motiviert die Schüler, sich untereinander zu helfen.
    Greifen Sie wichtige Fragen auf.

Stadt, Land, Fluss

Ziel	◉	trainiert das Memorieren von Lernbegriffen
Dauer	◉	ca. 20–25 Minuten
Material	◉	Blätter, Stifte, Lineal
Sozialform	◉	ganze Klasse oder Kleingruppen

Lerninhalte festigen

So geht's

Wussten Sie, dass man mit dem Spieleklassiker „Stadt, Land, Fluss" richtig gut Inhalte festigen kann? Sie können das Spiel sowohl mit der ganzen Klasse als auch in Kleingruppen spielen.
Jeder zeichnet sich eine Tabelle mit mindestens 4 Spalten. Die vierte Spalte wird zum Punktezählen verwendet. Je nachdem, in welchem Fach Sie spielen wollen, geben Sie den Schülern unterschiedliche Überschriften zu den Spalten.

Wollen Sie beispielsweise Wortarten festigen, schreiben die Kinder über die erste Spalte „Nomen", über die zweite Spalte „Verb", und über die dritte Spalte „Adjektiv". Die 4. Spalte ist ja für die Punkte reserviert.

Ein Schüler sagt nun laut „A" und zählt stumm das Alphabet auf, ein anderer ruft nach ein paar Sekunden „Stopp!". Nun sagt der erste Schüler den Buchstaben laut, z.B. „G".
Alle schreiben jetzt schnell ein Nomen mit G (z.B. Gorilla), ein Verb mit G (z.B. gehen) und ein Adjektiv mit G (z.B. grün) in die Spalten.
Wer zuerst fertig ist, ruft „Stopp!". Nun müssen alle anderen auch aufhören zu schreiben. Wer zuerst „Stopp!" gesagt hat, liest seine Wörter vor.

Für jede Kategorie, zu der man als Einziger ein Wort herausgefunden hat, erhält man 20 Punkte, für jedes Wort, das man als Einziger hat, 10 Punkte, für Wörter, die auch andere haben, 5 Punkte. Nach 5 Runden werden alle Punkte addiert.

Kommentar

Eines der besten Beispiele, wie nachhaltiges Lernen ganz nebenbei durch ein spannendes Spiel angebahnt wird. Die Kinder nehmen den Übungscharakter dieses Spiels kaum bewusst wahr – umso größer ist die Motivation.

Frag das Orakel!

Ziel		trainiert präzise Fragetechniken
Dauer		ca. 15–20 Minuten
Material		selbstklebende Zettel
Sozialform		ganze Klasse in Bewegung

So geht's

Als Vorbereitung für dieses Spiel beschriften Sie selbstklebende Zettel mit Begriffen, die in Ihrer Unterrichtseinheit am wichtigsten waren. Kleben Sie nun jedem Schüler einen Zettel mit einem Begriff an die Stirn, sodass er seinen eigenen Begriff nicht lesen kann. Die Schüler gehen in der Klasse herum und bilden zufällige Paare.

Jedes Paar versucht, anhand von 5 Fragen, die der Partner nur mit *Ja* oder *Nein* beantworten darf, herauszufinden, um welchen Begriff es sich jeweils handelt. Falls der Begriff nicht erraten wurde, suchen sich beide einen neuen Partner. Wer schafft es mit den wenigsten Fragen, seinen Begriff zu erraten?

Kommentar

Ganz nebenbei lernen die Schüler hier einiges über geschickte Fragetechniken. Einerseits müssen sie ihre Fragen so stellen, dass der Partner wirklich nur mit *Ja* oder *Nein* antworten kann, andererseits müssen sie wiederum so präzise fragen, dass sie auch möglichst bald die Lösung finden.

So sollte man z.B. nicht fragen, ob der Gegenstand klein ist, sondern vielleicht, ob er etwa so groß wie ein Fingerhut ist. Um die Fragetechniken zu vermitteln, können Sie einen Beispiel-Durchgang durchführen, indem sich die Kinder einen Begriff ausdenken, den Sie selbst erraten müssen. Das bereitet den Kindern natürlich besonders viel Freude.

Raster-Raten

Ziel	⑨	verbessert die Kombinationsfähigkeit
Dauer	⑨	ca. 15 – 20 Minuten
Material	⑨	Karton in DIN A2, kleiner Wurfstein
Sozialform	⑨	ganze Klasse im Sitzkreis

So geht's

Für dieses Spiel benötigen Sie selbst ca. 20 Minuten eigene Vorbereitungszeit, können es aber dafür auch viele Jahre in verschiedenen Klassen immer wieder spielen. Sie brauchen dazu einen Fotokarton in DIN A2. Sie können aber auch 2 Stück zusammenkleben, dann wird es etwas luxuriöser.

Zeichnen Sie ein Raster auf, das mindestens 4 Spalten senkrecht und 5 Zeilen waagerecht enthält. Insgesamt entstehen so 20 Kästchen.
Passend zu Ihrem Unterrichtsthema, beschriften Sie das Raster nach Belieben:

Falls Sie gerade das Thema „Zootiere" durchgenommen haben, beschriften Sie die 4 Zeilen waagerecht z.B. mit *Lebt im Wasser*, *Lebt an Land*, *Frisst Fleisch* und *Frisst Pflanzen*. Die 5 Spalten von links nach rechts beschriften Sie z.B. mit *Vier Beine*, *Glatte Haut*, *Fell*, *Gefährlich* und *Bedroht*.

Jetzt benötigen Sie nur noch einen hübschen Wurfstein, und schon geht es auch für die Schüler los. Jeder darf reihum einmal auf das Raster werfen. Hierbei wird der Stein auf einem Feld landen (mal mehr oder weniger genau). Die Schüler müssen nun die Koordinaten zum Feld suchen, z.B. *Fell* und *Frisst Fleisch*. Die Kinder überlegen sich ein Tier, auf das die Eigenschaften zutreffen (vielleicht auf einen Löwen). Reihum werfen die Kinder, bis alle einmal dran waren.

Kommentar

Dieses Spiel kombiniert verschiedene Spielaspekte (Glück, Geschicklichkeit, Kombinieren) und lässt sich zu vielen Themen immer wieder neu und spannend inszenieren.

Ja, nein, ich, du

Ziel	◉	fördert geschickte Fragetechniken
Dauer	◉	ca. 15 – 25 Minuten
Material	◉	vorbereitete Kärtchen
Sozialform	◉	3er- oder 4er-Gruppen

So geht's

Die Schüler bilden 3er- oder 4er-Gruppen. Sie können das Spiel aber auch mit der ganzen Klasse spielen. Jede Gruppe erhält einen Kartensatz mit verschiedenen Begriffen zum Unterrichtsthema und bestimmt pro Runde immer einen „Experten", der die Begriffe erklären muss.

Die anderen Mitspieler dürfen ihn dazu befragen. Der Experte darf allerdings nicht mit „*Ja*", „*Nein*", „*Ich*" oder „*Du*" antworten.

Nach jeder Runde wird ein neuer Experte bestimmt.

Diejenige Gruppe mit den meisten richtig gefundenen Begriffen gewinnt.

Variante

Sie können das Spiel auch in 2 großen Gruppen spielen. Aus Gruppe A setzt sich für eine Runde ein Experte, der durch das Los bestimmt wird, vor die Klasse, erhält ein Antwortkärtchen und darf nun von seiner Gruppe befragt werden. Auch er muss wieder die Wörter „*Ja*", „*Nein*", „*Ich*" und „*Du*" vermeiden. Gruppe B passt natürlich gut auf, dass kein Fehler gemacht wird. Anschließend wird gewechselt.

Kommentar

Auch dieses Spiel fördert geschickte Fragetechniken, ähnlich wie „Frag das Orakel!", s. S. 44. Nur müssen die Fragen hier so gestellt werden, dass der Experte möglichst ausschmückend erklärt und nicht auf eine Entscheidungsfrage antworten muss.

Die Münze macht's

Ziel ◉ trainiert das Memorieren von Lerninhalten
Dauer ◉ ca. 20 – 25 Minuten
Material ◉ vorbereitete Kärtchen, pro Team eine Münze
Sozialform ◉ 3er- oder 4er-Teams

So geht's

Zur Vorbereitung des Spiels beschriften Sie verschiedene Karteikarten (möglichst in Schülerzahl) mit Fragen zum Unterrichtsstoff. Auf der Rückseite notieren Sie die richtigen Antworten. Nun bilden die Schüler Gruppen (am besten zu dritt oder zu viert). Jede Gruppe erhält einen Stapel mit Karten und eine Münze.

Jeder in der Gruppe darf nun reihum die Münze werfen. Bei *Zahl* erhält die Gruppe ohne Weiteres einen Bonuspunkt, bei *Kopf* muss eine Frage vom Kartenstapel gezogen werden. Ist die Frage richtig beantwortet, erhält die Gruppe dafür aber auch 2 Punkte. Diejenige Gruppe, die zuerst 20 Punkte erreicht, gewinnt.

Wenn die Schüler einen Kartenstapel bearbeitet haben, tauschen sie diesen einfach mit der nächsten Gruppe aus. Alternativ können Sie aber auch noch zusätzliche Karten in Reserve haben, falls eine Gruppe sehr oft *Kopf* wirft.

Variante

Ältere Schüler dürfen dieses Spiel auch selbst vorbereiten, indem sie Fragen entwickeln, diese auf die Karten aufschreiben und auf der Rückseite die Lösung hinzufügen. Dann werden die Kartenstapel den anderen Teams gegeben.

Kommentar

Diese Kombination aus Glücksspiel und Wissenstest kommt bei den meisten Kindern sehr gut an und festigt Wissen nachhaltig.

Jeder Buchstabe zählt

Ziel	◉	fördert das logische und analytische Denken
Dauer	◉	ca. 20 – 25 Minuten
Material	◉	Zettel mit Buchstaben des Alphabets
Sozialform	◉	Einzelarbeit/ganze Klasse

So geht's

Zur Vorbereitung des Spiels schreiben Sie alle Buchstaben des Alphabets einzeln auf kleine Zettel, die Sie in ein Säckchen legen. Nun lassen Sie die Schüler einmal reihum durchzählen. Währenddessen schreiben Sie das Alphabet an die Tafel. In der nächsten Runde darf sich nun reihum jeder Schüler einen Buchstabenzettel ziehen und diesen laut vorlesen. Der Buchstabe erhält die entsprechende Zahl des Schülers. Beispiel: Schüler 1 zieht ein C. Dann schreiben Sie an die Tafel unter C die Zahl 1. Schüler 2 zieht ein M. Dann schreiben Sie an die Tafel unter M die Zahl 2. Auf diese Weise erhält jeder Buchstabe einen anderen, rein zufälligen Zahlenwert. Die Aufgabe besteht nun für jeden Schüler darin, möglichst viele Wörter aufzuschreiben, die ihm zu dem gerade behandelten Thema einfallen. Anschließend zählt jedes Kind von seinen Wörtern die Zahlenwerte zusammen. Wer, bezogen auf ein einzelnes Wort, den höchsten Zahlenwert erhält, gewinnt.

Kommentar

Dieses Spiel spornt an, möglichst komplexe Wörter zu finden, da ja eine hohe Summe erreicht werden soll. Darüber hinaus sind ja auch bestimmte Buchstaben mit hohen Werten attraktiv. Dies fördert sowohl das strategische als auch analytische Denken. Bei dieser beispielhaften Kombination erhielte das Wort *Pudel* den Wert $17 + 24 + 10 + 15 + 18 = 84$.

A	B	C	D	E	F	G	H	I	J	K	L	M	N
23	12	1	10	15	3	6	9	14	26	7	18	2	20

O	P	Q	R	S	T	U	V	W	X	Y	Z
13	17	11	21	4	22	24	19	16	5	8	25

Mikado

Ziel		verbessert die Motorik und das logische Denken
Dauer		ca. 15 – 20 Minuten
Material		Küchenkrepprollen oder Gegenstände zum aktuellen Unterrichtsthema
Sozialform		ganze Klasse im Sitzkreis

Lerninhalte festigen

So geht's

Sie benötigen Gegenstände, die mit dem Unterrichtsthema etwas zu tun haben. Alternativ können Sie aber auch leere Rollen von Küchenkrepp benutzen, auf die Sie gemeinsam mit den Schülern Lernsätze oder Begriffe zum Unterricht kleben. Anschließend werden die Gegenstände oder die Mikadorollen wie beim kleinen Mikadospiel übereinander verteilt oder ausgeschüttet, sodass nun ein kleiner Berg von Gegenständen oder Mikadorollen entstanden ist.

Nun muss jeder Schüler versuchen, einen Gegenstand oder eine Rolle von dem Haufen zu nehmen, ohne dass sich irgendetwas bewegt – ansonsten ist das nächste Kind an der Reihe.
Je mehr Sachen die Kinder einsammeln können, desto besser.
Hier brauchen jedoch diejenigen nicht allzu traurig sein, die nur wenig erbeuten können, denn die Schüler müssen zu allen erhaltenen Gegenständen oder Mikadorollen etwas erzählen oder eine Definition nennen.

Kommentar

Diese Wissenssicherung mit einem bekannten Spieleklassiker ist einmal etwas ganz anderes und wird die Kinder sicherlich positiv überraschen.

Rot, gelb, blau

Ziel	◉	trainiert schnelles Entscheiden
Dauer	◉	ca. 10–15 Minuten
Material	◉	Farbkarten, Fragenkatalog
Sozialform	◉	ganze Klasse in Bewegung

So geht's

Das Spiel ist ein wenig angelehnt an die Kindersendung „1, 2 oder 3".

Heften Sie hierzu 3 Farbkarten in Rot, Gelb und Blau an unterschiedliche Stellen in der Klasse, z.B. die rote Karte an die Tafel, die gelbe an die Tür und die grüne an die hintere Wand. Nun dürfen sich alle Schüler im Klassenzimmer bewegen. Sie stellen jetzt eine Frage oder Rechenaufgabe, z.B.: 7 x 7 – 11, und nennen dazu 3 Antwortmöglichkeiten, die Sie einer Farbe zuordnen, z.B. Rot: 60, Gelb: 38, Grün: 40.

Nun müssen sich alle Schüler ganz schnell vor die Karte mit der richtigen Antwort stellen. Wer sich für die falsche Farbe entscheidet, muss sich wieder auf seinen Platz setzen und von dort aus mitrechnen. Wer als Letztes übrig bleibt, hat gewonnen.

Kommentar

Das Spiel ist trotz (oder gerade wegen) seines Wettbewerbscharakters außerordentlich beliebt. Für die Kinder, die ausgeschieden sind, ist es trotzdem interessant, da sie gern weiter mitraten. Spiele, bei denen Kinder ausscheiden müssen, sollten Sie allerdings nicht regelmäßig einsetzen, da dies für schwächere Kinder oft demotivierend ist. Ab und zu können solche Spiele dennoch Akzente setzen.

Lern-Labyrinth

Ziel	◉	hilft, Lerninhalte zu memorieren
Dauer	◉	ca. 30 – 35 Minuten
Material	◉	Zeichnung eines Labyrinthes in DIN A3
Sozialform	◉	Partnerarbeit

Lerninhalte festigen

So geht's

Labyrinthe sind für fast alle Kinder sehr faszinierend. Es macht ihnen großen Spaß, den richtigen Weg zu finden. Diesmal sollen die Schüler sogar noch aktiver werden und ein eigenes Lernlabyrinth erstellen, mit dem sie hinterher spielen können. Dies tun sie am besten in Partnerarbeit.

Erstellen Sie auf einem DIN-A3-Blatt ein Labyrinth, und kopieren Sie es für jedes Kind. Geben Sie nun jedem Paar einen unterschiedlichen Lernsatz, der aus 7 – 10 Wörtern bestehen sollte, z.B.:
„Wiewörter nennt man auch Adjektive und schreibt sie klein."

Nun sollen die Schüler einen Weg durch das Labyrinth bestimmen und auf diesem Weg die Wörter des Satzes schreiben. Auf die anderen Wege, die nicht zum Ziel führen, schreiben sie beliebige andere Wörter, sodass der Lernsatz auf den ersten Blick nicht mehr zu erkennen ist.
Nun tauschen die Partner ihre Rätsel. Da nun jedes Labyrinth einen anderen Lernsatz hat, wird es mit der Suche schon etwas knifflig, begeistert aber auch.

Variante

Für die jüngeren Kinder schreiben Sie am besten selbst schon einen Satz in das Labyrinth hinein und kopieren dann das bereits fertige Blatt.

Kommentar

Ein äußerst motivierender Knobelspaß für jedes Alter. Machen Sie es bei einem vorgefertigten Labyrinth den Kindern nicht allzu einfach, indem Sie leicht verwechselbare Begriffe an die Abzweigungen schreiben.

Domino

Ziel	◉	trainiert die Merk- und Kombinationsfähigkeit
Dauer	◉	ca. 35 – 45 Minuten
Material	◉	kopierter Domino-Zug für Partner
Sozialform	◉	Partnerarbeit

So geht's

Bei diesem Spiel können die Schüler wieder selbst ein Produkt herstellen und anschließend damit spielen. Dieses Domino-Spiel eignet sich gut zur Testvorbereitung. Beim eigentlichen Domino müssen immer 2 gleiche Seiten von Kärtchen zusammenpassen. Bei diesem Domino geht es darum, auf eine Frage eine richtige Antwort zu finden.

Die älteren Schüler dürfen sich selbst zu einem bestimmten Unterrichtsthema Fragen und Antworten ausdenken. Bei jüngeren oder noch ungeübten Schülern entwickeln Sie am besten mit ihnen zusammen Fragen und Antworten an der Tafel. Besonders raffiniert wird es auch, wenn Sie selbst Fragen und Antworten bunt gemischt an die Tafel schreiben. Diese müssen die Schüler dann dem Domino-Spiel selbst zuordnen.

Als Material stellen Sie große Pappkarten bereit, die doppelt so lang wie hoch sind. Diese Karten teilen Sie in der Mitte durch einen Strich. Auf die linke Seite schreiben Sie oder die Schüler eine Frage, auf die rechte Seite eine Antwort einer ganz anderen Frage.
Während des Domino-Spiels müssen die Kinder dann die richtigen Karten miteinander verbinden.

Kommentar

Wenn Sie die Kärtchen laminieren, können Sie auch mit Folienstift daraufschreiben und sie für ein neues Domino immer wieder verwenden.

Bilder spüren

Ziel	)))	sensibilisiert die sinnliche Wahrnehmung
Dauer	)))	ca. 20 – 25 Minuten
Material	)))	vorbereitete Karten mit Begriffen
Sozialform	)))	2 Großgruppen

Lerninhalte festigen

So geht's

Teilen Sie die Klasse in 2 Gruppen ein. Die Kinder einer Gruppe sitzen jeweils in einer Reihe hintereinander (am besten verkehrt herum auf dem Stuhl, sodass die Lehne vorne ist, damit der Rücken frei bleibt).
Jede Gruppe erhält nun einen kleinen Kartenstapel mit unterschiedlichen Begriffen aus der Unterrichtseinheit, die der letzte Spieler aus jeder Gruppe erhält.

Er deckt nun eine Karte auf und malt den Begriff auf den Rücken des Vordermannes. Dieser malt den Begriff, den er erraten hat, wieder dem Nächsten vor ihm in der Reihe auf den Rücken, bis schließlich das erste Kind jeder Reihe den Begriff auf dem Rücken gespürt hat. Nun muss dieses den Begriff an die Tafel schreiben.

Anschließend rückt die ganze Reihe einen Platz vor, und das erste Kind setzt sich an die letzte Stelle. Dieser Rotation wird fortgesetzt, bis jedes Kind einmal an jeder Position gesessen hat. Die Gruppe, die die meisten richtigen Begriffe errät, gewinnt.

Variante

Sie können die Begriffe auch als Wort auf den Rücken schreiben lassen. Manche Kinder erspüren besser Bilder, während andere besser die geschriebenen Wörter auf dem Rücken „lesen" können.

Kommentar

Dieses sehr sinnliche Spiel macht den Kindern viel Freude. Falls die Aufgabe zu schwer sein sollte, verkleinern Sie einfach die Gruppen.

Kuriose Karten

Ziel		fördert das schnelle Treffen von Entscheidungen
Dauer		ca. 15–20 Minuten
Material		vorbereitete Karten mit Begriffen
Sozialform		ganze Klasse am Platz

So geht's

Dieses Spiel können Sie als Lehrer gegen Ihre Klasse spielen. Das erhöht oftmals
für die Schüler noch die Motivation. Als Vorbereitung schreiben Sie mehrere
Fachbegriffe, die die Schüler kennen sollten, auf verschiedene Kärtchen,
die Sie an der Tafel sichtbar befestigen.

Nun stellen Sie an alle Schüler eine Frage, zu der als Antwort irgendeine von den
Kärtchen passt. Nun darf ein Kind an die Tafel kommen und das richtige Kärtchen
zur Seite nehmen. Stimmt es, bekommen die Schüler einen Punkt. Hat jemand ein
falsches Kärtchen genommen, erhalten Sie selbst einen Punkt. Um es den Schülern
leichter zu machen, dürfen sie sich natürlich vorher beraten, welches Kärtchen
wohl das richtige ist.
Es muss aber jeder Schüler einmal drankommen!

Kommentar

Schwieriger wird es, wenn sich die Schüler untereinander nicht abstimmen dürfen.
Dann ist es auch ein sehr leises Spiel. Setzen Sie es ein, wenn es in der Klasse sehr
laut war und die Kinder etwas zur Ruhe kommen sollen.

Mein rechter Platz ist frei!

Ziel ♪ trainiert die Aufmerksamkeit

Dauer ♪ ca. 15 – 20 Minuten

Material ♪ vorbereitete Antwortkärtchen

Sozialform ♪ ganze Klasse im Sitzkreis

Lerninhalte festigen

So geht's

Das bekannte Spiel „Mein rechter Platz ist frei!" können Sie leicht mit Lerninhalten füllen. Sie müssen dazu lediglich Antwortkärtchen in Schüleranzahl vorbereiten. Wollen Sie z.B. mit einer 1. Klasse „Mein rechter Mathe-Platz ist frei!" spielen, dann geben Sie jedem Kind ein Kärtchen mit einer Zahl zwischen 1 und 20.

Nun dürfen die Kinder selbst Rechenaufgaben stellen:
„Mein rechter, rechter Platz ist frei, ich wünsche mir 1 + 4 herbei."
Jetzt rechnen alle schnell die Aufgabe. Wer das Kärtchen mit der Zahl 5 besitzt, darf sich auf den freien Stuhl setzen. Nun ist derjenige dran, dessen rechter Stuhl neben ihm frei geworden ist.

Variante

Sie können das Spiel in allen Fächern spielen und natürlich auch schwierigere Aufgaben verwenden. Im Fach Mathematik können Sie auch im Hunderter- oder Tausenderraum rechnen. In Englisch können Sie Vokabelkärtchen austeilen und hierzu einen passenden Begriff finden lassen.

Kommentar

Hierbei müssen alle Kinder ständig hellwach sein, da sie jederzeit mit ihrer Lösung an der Reihe sein könnten. Wenn die Schüler etwas geübt sind, können sie sich auch selbst Aufgaben ausdenken.

Buchstaben versenken

Ziel		fördert das strategische Denken
Dauer		ca. 30 – 45 Minuten
Material		karierte Blätter, Stifte
Sozialform		Partnerarbeit

So geht's

Dieses Spiel erinnert an das beliebte „Schiffe versenken", ist aber ganz harmlos.
Die Schüler spielen als Partner zusammen. Jeder zeichnet auf einem karierten
Papier 2 gleich große Felder ein, z.B. jeweils 10 x 10 cm. Am linken Rand beschrif-
ten die Kinder jedes Kästchen von oben nach unten mit A, B, C, usw. Von links
nach rechts beschriften sie die Kästchen mit 1, 2, 3 usw.
Nun hat jeder zwei identische Felder untereinander auf seinem Papier.
Im oberen Feld tragen die Kinder beliebige Begriffe ein, die mit dem aktuellen
Unterrichtsthema zu tun haben. Pro Kästchen darf ein Buchstabe geschrieben
werden. Insgesamt sollten nicht mehr als 10 Wörter benutzt werden. Diese können
sowohl senkrecht, waagrecht als auch diagonal verlaufen (bei älteren Schülern
auch rückwärts).
Das zweite untere Feld dient nur dazu, selbst Kreuzchen zu machen oder die Buch-
staben des Mitspielers einzutragen, die man schon herausgefunden hat. Jeder darf
nun abwechselnd den anderen zu einem Feld befragen, z.B. „F – 9".
Nun muss der Partner entweder „Nichts" antworten oder den entsprechenden
Buchstaben nennen. Wer einen Buchstaben trifft, ist noch einmal an der Reihe.
Wer zuerst alle Begriffe herausgefunden hat, gewinnt.

Kommentar

Diese unmilitärische Variante des bekannten Spieleklassikers ist äußerst beliebt
bei den Kindern und eignet sich gut, um auch einmal eine ganze Vertretungs-
stunde zu füllen.

Die besten Spiele zum Stundenabschluss und vor den Ferien

Kapitel 3

Die besten Spiele zum Stundenabschluss und vor den Ferien

Nichts ist schöner – und meistens auch anstrengender – als die letzten Tage vor den Ferien. Jetzt ist die Zeit der Spiele, mit denen man manche Schüler sogar viel besser als bisher kennenlernt.

Doch Sie müssen natürlich nicht erst auf die Ferien warten. Die Spiele eignen sich auch sehr gut als Belohnung zwischendurch, nach anstrengenden Lernphasen oder auch in der letzten Stunde, wenn Sie noch einige Minuten Zeit übrig haben. Gönnen Sie Ihren Schülern und sich selbst hiermit einfach noch einige Minuten Spaß. Natürlich hat jedes Spiel dennoch ein zusätzliches Unterrichtsziel, das ganz nebenbei gefördert wird.

Ob bei der Karnevalsfeier, vor Weihnachten oder Ostern:
Es gibt mehr Gelegenheiten, gemeinsam zu spielen, als man denkt. Und das pädagogische Gewissen ist auch noch beruhigt.

Falls Sie eine halbe Stunde Zeit haben, probieren Sie unbedingt das „Vierer-Sofa" (s. S. 68), das „Lebendige Memory-Spiel" (s. S. 66), „Promis raten" (s. S. 74) oder die „Würfelrunde" (s. S. 72) aus. Sie sind bei den Schülern äußerst beliebt und auch ziemlich ruhig zu spielen.

Wollen Sie die Motorik stärker trainieren, probieren Sie doch einmal, „Komplizierte Schokolade" zu essen (s. S. 61), „Salzstangen-Grimassen" zu schneiden (s. S. 67) oder „Zeitungsschlangen" (s. S. 70) auszuschneiden.

Besonders ausgiebig lachen werden Sie und die Kinder sicherlich bei „Onkel Ottos Nase" (s. S. 75), „Was machst du, wenn …?" (s. S. 80) oder „Nasenpost" (s. S. 78).

Zähme den Löwen!

Ziel	⟫	fördert genaues Beobachten und Darstellen
Dauer	⟫	ca. 25 – 30 Minuten
Material	⟫	vorbereitete Antwortkärtchen
Sozialform	⟫	ganze Klasse im Sitzkreis

So geht's

Alle Kinder sitzen im Kreis. Ein Kind steht in der Mitte. Nun denkt sich jeder Schüler ein Tier aus, das er sein möchte. Das Tier wird aber nicht verraten! Der Schüler in der Mitte, der „Tierpfleger", geht nun zu einem Kind hin und versucht, es zu streicheln oder sich ihm auf eine beliebige Weise zu nähern.

Ist das Kind ein Tiger, wird es sich nun natürlich nicht streicheln lassen, sondern eher fauchen. Ist es aber ein Hund, wird es sich bestimmt freuen und hecheln. Der Tierpfleger muss nun herausfinden, um welches Tier es sich handelt. Dazu darf er es vielleicht an die Leine nehmen, es rufen oder spezielles Futter (pantomimisch) hinstellen.

Wenn der Tierpfleger das richtige Tier herausgefunden hat, darf er sich setzen und nun selbst Tier spielen. Hat er es aber nicht herausgefunden, dürfen alle anderen Schüler mitraten. Das erratene Tier ist nun der nächste Tierpfleger.

Kommentar

Dieses Spiel eignet sich auch gut für die Thematik „Haus- und Zootiere" im Unterricht. So können spezielle Eigenschaften der Tiere nochmals wiederholt werden.

Obstsalat

Ziel		trainiert schnelles Reagieren und Konzentration
Dauer		ca. 15–20 Minuten
Material		–
Sozialform		ganze Klasse im Sitzkreis

So geht's

Alle Kinder sitzen im Kreis. Ein Schüler steht in der Mitte. Es fehlt also ein Stuhl. Jeder Schüler sucht sich eine von 5 Obstsorten für den Obstsalat aus (z.B. Erdbeere, Apfel, Mandarine, Banane und Trauben) und nennt sie reihum laut. Es sollten nicht mehr als 5 verschiedene Obstsorten sein, um sich auch alle merken zu können.

Nun nennt der Schüler in der Mitte eine Obstsorte, z.B. „Erdbeere!". Daraufhin tauschen alle „Erdbeeren" ihren Platz. Der Schüler in der Mitte muss nun versuchen, selbst einen Platz zu ergattern. Wer übrig bleibt, ist der nächste Rufer in der Mitte. Schwieriger wird es, wenn 2 oder 3 Obstsorten gleichzeitig aufgerufen werden. Bei „Obstsalat" tauschen alle Kinder gleichzeitig ihre Plätze.

Variante

Statt Obst können z.B. auch Fahrzeuge genannt werden wie *Rennwagen*, *Motorboot* oder *Eisenbahn*.
Zur Wissensfestigung können Sie das Spiel auch mit Fachbegriffen spielen: Jeder Schüler denkt sich z.B. ein Adjektiv (*schön, schlau, hell*), ein Verb (*rennen, lachen, spielen*) oder ein Nomen (*Haus, Spiel, Baum*) aus.
Auf Kommando tauschen dann z.B. alle „Adjektive" den Platz.
Sie können das Spiel ebenso für das Vokabeltraining nutzen oder für jedes andere Fach, in dem Fachbegriffe miteinander verknüpft werden müssen.

Kommentar

Dies ist ein sehr temporeiches, bewegungsintensives Spiel, das gute Konzentration verlangt. Wenn Sie nur eine oder zwei Runden spielen, können Sie dieses Spiel auch gut als Muntermacher einsetzen.

Komplizierte Schokolade

Ziel 🔊 fördert Motorik und Aufmerksamkeit
Dauer 🔊 ca. 10 – 15 Minuten
Material 🔊 Tafel Schokolade, Mütze, Schal, Handschuhe,
 Messer, Gabel, Würfel
Sozialform 🔊 ganze Klasse im Sitzkreis

So geht's

Eigentlich ist dies ein herrlich „schokoladiges" Geburtstagsspiel, das aber in der
Klasse vor allem vor den Ferien einen riesigen Spaß bereitet.

Die Schüler sitzen im Kreis auf dem Boden. Legen Sie eine eingepackte Tafel
Schokolade in die Mitte. Nun wird reihum gewürfelt. Wer eine 6 würfelt, darf sich
in Windeseile Handschuhe, Schal und Mütze anziehen, muss Messer und Gabel in
die Hand nehmen und nun versuchen, die Schokolade zu öffnen. Das ist gar nicht
so einfach, denn man muss sich ja erst einmal bis zur Schokolade durcharbeiten.
Wer es schafft, die Packung so zu öffnen, darf sich natürlich über den leckeren
Inhalt hermachen. Aber die anderen würfeln natürlich weiter.
Aber es wird gar nicht lange dauern, bis der Nächste eine 6 gewürfelt hat.
Nun muss das erste Kind leider Handschuhe, Schal, Mütze und Besteck abgeben,
während der Nachfolger sein Glück versucht. Es wird so lange gespielt, bis die
Schokolade verputzt ist.

Kommentar

Ein temporeiches und lebhaftes Spiel, das durch die Aussicht auf die Schokolade
einen zusätzlichen Anreiz bietet. Legen Sie zur Sicherheit noch eine weitere Tafel
Schokolade bereit, um die leer ausgegangenen Kinder aufzumuntern. Falls Ihnen
der 6er-Rhythmus zu schnell geht, lassen Sie die Kinder mit 2 Würfeln werfen und
bei einer 12 oder 2 den Wechsel vornehmen.

Wer bin ich?

Ziel	◉	trainiert geschickte Fragetechniken
Dauer	◉	ca. 20 – 30 Minuten
Material	◉	selbstklebende Zettel
		(oder zusätzlich doppelseitiges Klebeband)
Sozialform	◉	ganze Klasse in Bewegung

So geht's

Jeder Schüler schreibt den Namen eines Prominenten (bzw. den Namen einer prominenten Figur, die alle kennen) auf einen Zettel, z.B. „Donald Duck", „Asterix", „Harry Potter", „Wickie", usw.

Nun werden alle Zettel gut gemischt. Heften Sie mit einem Kreppklebeband jedem Schüler einen zufälligen Zettel an den Rücken. Niemand weiß also, wer er selbst ist. Nun begeben sich die Schüler auf Wanderschaft durch die Klasse und stellen jedem, der ihnen begegnet, eine Frage zur eigenen Figur. Diese Frage darf das andere Kind allerdings nur mit *Ja* oder *Nein* beantworten. Wer findet am schnellsten heraus, wer er ist?

Kommentar

Dieses Spiel ist sehr spannend und bietet viele Überraschungen. Achten Sie darauf, dass sich nicht einige Kinder heimlich leise zuflüstern, wer der andere ist, wenn sie die Zettel bereits gelesen haben.

Vielleicht finden einige Kinder sogar durch Ausschlussverfahren heraus, welche Figur sich auf dem eigenen Rücken befindet. Schließlich wurden ja im Vorfeld alle möglichen Figuren genannt oder aufgeschrieben.

Farben stapeln

Ziel ꒰꒱ fördert die Konzentration
Dauer ꒰꒱ ca. 30 Minuten
Material ꒰꒱ Notizzettel in 4 verschiedenen Farben
Sozialform ꒰꒱ ganze Klasse im Sitzkreis

So geht's

Alle Schüler sitzen im Kreis. In der Mitte liegt ein Stapel mit gemischten farbigen Karten oder Notizzetteln (z.B. in den 4 Farben Gelb, Grün, Blau und Rot). Jeder Schüler darf sich nun eine Farbe auswählen, die er mit Kreppklebeband für alle sichtbar am Pullover befestigt. Ein Schüler darf der Spielleiter in der Mitte sein (das können Sie natürlich auch übernehmen).

Wenn alle wieder auf ihren Stühlen sitzen, mit einer entsprechenden Farbe an der Kleidung, zieht der Spielleiter vom Kartenstapel in der Mitte die oben liegende Farbe und nennt sie laut, z.B. „Grün".
Nun müssen alle „Grünen" einen Platz weiter nach links rücken. Ist der Platz neben einem Kind besetzt, muss es sich einfach dem Nachbarn auf den Schoß setzen. Dann zieht der Spielleiter die nächste Farbe und nennt sie, z.B. „Rot". Nun müssen alle „Roten" einen Platz weiter nach links rücken. Doch Achtung: Wenn auf einem „Roten" schon jemand sitzt, hat dieser leider Pech gehabt, denn weiterrücken darf immer nur das oberste Kind auf dem „Stapel". Wer zuerst an seinem Startplatz wieder ankommt, gewinnt

Kommentar

Bei diesem unglaublich witzigen Spiel müssen alle Kinder gut aufpassen. Achten Sie darauf, dass nicht mehr als 4 Kinder übereinandersitzen. Kommt ein fünftes Kind hinzu, müssen alle kurz aufstehen, und das unterste Kind wird erlöst, indem es einen Platz nach links rücken darf.

Reif für die Insel

Ziel		stärkt die Wahrnehmungsfähigkeit
Dauer		ca. 5–10 Minuten
Material		Augenbinde
Sozialform		ganze Klasse im Sitzkreis

So geht's

Alle Kinder sitzen im Kreis. Einem Schüler werden die Augen verbunden. Dieser muss sich nun in die Mitte setzen. Ganz leise wird nun ein anderer Schüler bestimmt, der die Klasse verlassen, also auf eine einsame Insel reisen muss. Dieser geht ganz leise vor die Tür. Nun müssen alle anderen, ohne zu reden, ihre Plätze tauschen. Anschließend wird dem Schüler in der Mitte wieder die Augenbinde abgenommen. Er sieht nun einen ganz neuen Sitzkreis vor sich. Schafft er es, herauszufinden, wer gar nicht mehr da ist und nun vor der Tür steht?

Variante

Bei älteren Schülern können Sie auch die Zeit stoppen. Wer schafft es am schnellsten, das fehlende Kind herauszufinden?
Noch schwieriger wird es, wenn niemand den Raum verlässt und nur einige Kinder die Plätze tauschen. Wer sitzt jetzt nicht mehr auf seinem ursprünglichen Platz?

Kommentar

Dieses Spiel fördert besonders stark die Beobachtungs- und Wahrnehmungs-fähigkeit und ist damit ein richtig gutes Gehirntraining.

Nur nicht Schluss machen!

Ziel	🔊	trainiert kreative Wortfindung
Dauer	🔊	ca. 10 – 20 Minuten
Material	🔊	–
Sozialform	🔊	ganze Klasse im Sitzkreis

So geht's

Alle Kinder sitzen im Kreis. Ein Schüler beginnt und denkt sich ein Wort aus,
dessen Anfangsbuchstaben er laut sagt (z.B. denkt er leise für sich „Adler"
und sagt laut „A").
Der Nächste muss das Wort nun fortsetzen, denkt sich leise „Auto" und sagt „U".
So geht es reihum weiter. Wer allerdings den letzten Buchstaben eines existieren-
den Wortes sagt und damit das Spiel beendet, hat verloren. Um deshalb nicht
Schluss machen zu müssen, entstehen häufig witzige Konstrukte.

Nach dem Wort *Auto* könnte das Spiel schon zu Ende sein, der Nächste fügt
aber schnell ein R hinzu und denkt sich „Autorennen".
Stattdessen kommt am Schluss aber vielleicht das Wort heraus:
Autoreifenherstellerfabrikparkplatzwächter.
Und ist nun auch wirklich Schluss …

Kommentar

Das Spiel können Sie leicht und schnell zwischendurch einsetzen.
Falls Ihre Klasse sehr groß ist, starten Sie einfach einen zweiten Durchlauf
vom anderen Ende.

Lebendiges Memory-Spiel

Ziel	◉	fördert Motorik und genaues Beobachten
Dauer	◉	ca. 15–20 Minuten
Material	◉	–
Sozialform	◉	ganze Klasse in Bewegung

So geht's

Zunächst verlassen 2 Schüler den Raum. Nun bilden immer 2 Schüler Paare (spielen Sie bei ungerader Schülerzahl doch selbst mit).

Jedes Paar denkt sich eine bestimmte Körperbewegung aus, die die beiden Partner identisch durchführen (z.B. auf einem Bein stehen und ans linke Ohr fassen, eine bestimmte Grimasse schneiden oder sich am Knie kratzen). Die Bewegungen dürfen nur pantomimisch ausgeführt werden!

Nachdem alle Paare ihre Körperbewegung gefunden haben, trennen sie sich, und alle Kinder stellen sich kreuz und quer in den Raum.

Nun werden die Memory-Spieler hereingerufen. Sie suchen sich abwechselnd 2 Kinder aus, die ihre Körperbewegung vormachen müssen. Stimmt die Körperbewegung überein, hat der Spieler ein „Pärchen" gefunden, das sich nun auf den Boden setzen muss. Stimmen die Körperbewegungen nicht überein, ist der andere Spieler an der Reihe.
So geht es wie beim klassischen Memory-Spiel weiter, bis alle Pärchen gefunden sind. Wer die meisten Pärchen gefunden hat, ist der Sieger.

Kommentar

So ausgefallen haben die Kinder garantiert noch nie Memory gespielt. Für ein besonders rasantes Spiel könnten auch alle Kinder ihre Bewegungen gleichzeitig ausführen, und die Spieler müssen nicht in Runden, sondern in Echtzeit möglichst schnell alle Paare finden.

Salzstangen-Grimassen

Ziel	◉	trainiert Gesichtsmuskulatur und Feinmotorik
Dauer	◉	ca. 3–5 Minuten
Material	◉	Salzstangen oder Schokoriegel mit Bindfäden
Sozialform	◉	ganze Klasse im Sitzkreis

So geht's

Alle Schüler sitzen im Kreis. Jeder von ihnen erhält 2 Salzstangen, die er sich quer in den Mund stecken muss. Nun versucht er, diese ohne Hilfe der Hände zu essen. Dabei entstehen so lustige Grimassen, dass dem einen oder anderen vor Lachen schon mal die Salzstangen aus dem Mund purzeln.

Variante

Sie können auch alternativ kleine Schokoriegel an Fäden binden, dessen andere Enden um die Handgelenke gebunden werden. Nun müssen die Kinder versuchen, durch geschicktes Hin- und Herschwingen ein Stück Schokoriegel zu ergattern. Da der Schokoriegel am eigenen Handgelenk baumelt, scheint dies zunächst ganz einfach zu sein. Aber hier kommt es auf das richtige Timing an, damit der Schokoriegel auch wirklich im Mund landet.

Kommentar

Da es um Naschereien geht, ist dieses Spiel natürlich sehr beliebt. Es eignet sich durch seinen lustigen Nonsens-Charakter optimal, um nach einem anstrengenden Tag all die Anspannung abfallen zu lassen.
Es trainiert zusätzlich noch Koordination und Feinmotorik.

Vierer-Sofa

Ziel	◉	trainiert die Konzentration und Merkfähigkeit
Dauer	◉	pro Runde ca. 5–10 Minuten
Material	◉	Zettel, Stifte, ein Körbchen zum Einsammeln
Sozialform	◉	ganze Klasse im Halbkreis

So geht's

Alle Schüler sitzen in einem weitläufigen Halbkreis. Leicht zurückversetzt, frontal
vor dem Halbkreis, steht das Vierer-Sofa (4 Stühle, auf denen 2 Mädchen und
2 Jungen sitzen). Ein Stuhl bleibt irgendwo im Halbkreis frei.

Jeder Schüler schreibt nun seinen Namen auf einen Zettel. Sie sammeln die Zettel
ein, mischen sie und lassen jedes Kind wieder einen Namenzettel ziehen. Wer
seinen eigenen zieht, legt ihn wieder zurück und nimmt einen anderen. Jetzt hat
jeder einen Zettel mit dem Namen eines anderen Kindes. Aber psst! Die Namen
sind geheim und dürfen nicht verraten werden! Nun geht es los.

Das Kind, das links neben dem freien Stuhl sitzt, klopft darauf und ruft: *„Mein
rechter, rechter Platz ist frei, ich wünsche mir (z.B. die Lara) herbei!"* Alle sehen
auf ihren Zetteln nach, wer wohl heute die Lara ist, denn sie selbst kann es ja nicht
sein. Vielleicht ist es ja Luca, auf dessen Zettel *Lara* steht und der sich nun auf den
freien Stuhl setzt. Das kommt natürlich zu lustigen Überraschungen.

Nun ist wieder ein neuer, freier Stuhl entstanden, und es geht weiter.

Ziel ist es für die Jungen, so geschickt zu handeln, dass das Sofa mit 4 (echten)
Jungen gefüllt wird (auch wenn sie Mädchennamen haben).

Das Ziel für die Mädchen ist natürlich entsprechend. Der Kampf der Geschlechter
ist eröffnet!

Kommentar

Nach anfänglichen Glückstreffern wird dieses Spiel mehr und mehr strategisch.
Es geht nicht nur darum, sich zu merken, wer welchen Namenszettel trägt,
sondern auch, die Plätze so geschickt zu wählen, dass im nächsten Zug
wieder ein Spieler des eigenen Geschlechts an der Reihe ist.
Nach 2 oder 3 Runden ist der Faktor Glück vollständig
eliminiert, und es zeigt sich, wer die beste Taktik verfolgt.

Wo ist die Apfelsine?

Ziel	◗	sensibilisiert die Wahrnehmung
Dauer	◗	ca. 15 – 20 Minuten
Material	◗	eine Apfelsine
Sozialform	◗	ganze Klasse im Stehkreis

So geht's

Alle stehen im Kreis sehr eng nebeneinander, mit den Händen hinter dem Rücken. Ein Kind steht in der Mitte mit verbundenen Augen. Nun geben Sie heimlich einem Schüler im Stehkreis eine Apfelsine in die Hände und gehen unauffällig weiter, damit es nicht zu offensichtlich ist, wo sich die Apfelsine befindet.

Das Kind in der Mitte darf nun die Augenbinde abnehmen. Die Apfelsine wird nun möglichst unauffällig hinter dem Rücken von einem Schüler zum anderen weitergegeben. Das Kind in der Mitte beobachtet den Kreis genau und versucht, herauszufinden, wo sich die Apfelsine befindet. Dazu hat es 2 Minuten Zeit. Hat es das Kind geschafft, ist nun das Kind mit Suchen an der Reihe, bei dem die Apfelsine zuletzt war.

Variante

Man kann dieses Spiel natürlich auch mit kleinen Bällen spielen, die herumgereicht werden müssen. Je kleiner die Gegenstände, desto schwieriger wird es. Um die Verwirrung komplett zu machen, können Sie auch 2 Apfelsinen herumreichen.

Kommentar

Hier müssen die Schüler gut kooperieren und die Apfelsine sehr unauffällig herumgeben. Der Trick ist natürlich, die Hände still zu halten, während man gerade beobachtet wird, und die Apfelsine herumzugeben, wenn das Kind in der Mitte in die andere Richtung schaut.

Zeitungsschlangen

Ziel	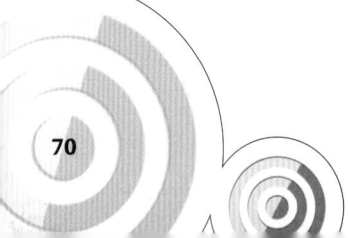	trainiert Geschicklichkeit und Geduld
Dauer		ca. 10 – 20 Minuten
Material		mehrere Zeitungen
Sozialform		Einzelarbeit/ganze Klasse

So geht's

Jeder Schüler erhält eine Doppelseite aus einer Tageszeitung. Nun sollen die Kinder aus den Zeitungsseiten möglichst lange Schlangen reißen, natürlich an einem Stück! Anschließend schreibt jeder seinen Namen auf seine Schlange. Zum Schluss werden alle Schlangen nebeneinandergelegt und ausgemessen. Wer die längste Schlange hat, gewinnt.

Wichtig ist, dass die Kinder versuchen müssen, die Schlange immer in einer Reihe von links nach rechts, dann wieder von rechts nach links, vorsichtig und möglichst schmal zu reißen. Wer auf Nummer sicher gehen will, reißt sie lieber etwas breiter.

Variante

Sie können dieses Spiel auch zum Bilden eines Klassenrekordes häufiger spielen. Dazu werden dann am Schluss alle Schlangen hintereinandergelegt, die so die „längste Schlange der Welt" bilden. Messen Sie auch diese aus. Schafft es die Klasse beim nächsten Mal, diesen Rekord selbst noch einmal zu überbieten?

Kommentar

Dieses Spiel ist bereits bei ganz jungen Schülern sehr beliebt. Geben Sie hier aber ein bisschen Hilfestellung, damit auch jeder ein Erfolgserlebnis hat und die Schlange möglichst lange hält.

Wer ist hier der Boss?

Ziel	🔊	fördert Konzentration und Aufmerksamkeit
Dauer	🔊	ca. 15 Minuten
Material	🔊	–
Sozialform	🔊	ganze Klasse im Sitzkreis

So geht's

Alle Schüler sitzen im Kreis. Ein Kind verlässt den Klassenraum. Nun wählen die anderen Kinder unter sich leise einen Boss, der eine bestimmte Bewegung macht, die die anderen nachmachen müssen. Der Sucher wird nun wieder hereingerufen und muss herausfinden, wer denn nun der Boss ist. Ab und zu muss der Boss sich eine neue Bewegung einfallen lassen, die die anderen nachmachen. Das tut er natürlich genau dann, wenn der Sucher gerade nicht hinsieht. Der Sucher hat 3 Versuche frei, den Boss zu benennen. Anschließend verlässt der alte Boss als neuer Sucher den Klassenraum, und das Spiel beginnt von vorne.

Variante

Es werden zu Beginn gleich mehrere Bosse bestimmt. Boss 1 beginnt und macht eine Bewegung vor. Rufen Sie irgendwann:
„Boss 2 übernimmt!" Nun werden wohl die meisten Kinder ganz plötzlich zu Boss 2 blicken, was dem Sucher die Arbeit natürlich erleichtert. Wenn anschließend noch Boss 3 oder sogar Boss 4 an die Reihe kommen, ist das Durcheinander perfekt, denn oft haben die Kinder schon wieder vergessen, wer denn nun eigentlich Boss 4 war. Hierbei ist also gute Konzentration und unauffälliges Beobachten gefragt.
Dieses Spiel lässt sich auch sehr schön als „Orchester-Version" spielen. In dem Fall ist der Boss der „Dirigent", der Instrumente pantomimisch vorgeben muss.

Kommentar

Wenn Sie dieses Spiel zum ersten Mal spielen, hat es der Sucher relativ einfach, den Boss zu finden. Schließlich wird er von allen anderen Kindern angestarrt. Nach und nach werden die Kinder geschickter und schauen nur noch ganz heimlich zum Boss herüber, wenn sich der Sucher gerade umdreht.

Würfelrunde

Ziel		fördert taktisches Überlegen
Dauer		ca. 10 – 15 Minuten
Material		für jede Gruppe einen Würfel
Sozialform		Kleingruppen

So geht's

Die Schüler bilden 3er- oder 4er-Gruppen. Jede Gruppe erhält einen Würfel.
Das Ziel für jede Gruppe ist es, durch beliebig häufiges Würfeln eine möglichst
hohe Augensumme zu erreichen (alle gewürfelten Zahlen werden addiert).
Das wäre natürlich sehr einfach, wenn es nicht einen kleinen Haken gäbe:
Sobald eine 1 gewürfelt wird, fällt die Summe wieder auf 0 zurück,
und die Kinder müssen wieder von vorne anfangen.

Die Gruppen müssen sich also gut überlegen, wie oft sie würfeln möchten.
Jede Spielrunde läuft 1 Minute lang. Stoppen Sie dazu die Zeit. Diejenige Gruppe,
die nach 1 Minute die höchste ununterbrochene Augensumme erwürfelt hat,
gewinnt.

Kommentar

Dieses Spiel ist trotz des Glücksspiel-Charakters sehr strategisch. Die Kinder
müssen abschätzen, welche Summe bereits ein guter Wert ist, der zum Sieg
reichen könnte. Lohnt es sich, eine gute Summe zu riskieren, um einen noch
höheren Wert zu erreichen?
Beim Addieren müssen die Kinder außerdem sehr ehrlich sein. Falls Sie Bedenken
haben, stellen Sie jeder Gruppe einen „Schiedsrichter" zur Seite.

Geheimversteck im Zoo

Ziel	🕉	trainiert die akustische Wahrnehmung
Dauer	🕉	ca. 5 – 10 Minuten
Material	🕉	–
Sozialform	🕉	ganze Klasse im Sitzkreis

Stundenabschluss

So geht's

Alle Schüler sitzen im Kreis. Jeder denkt sich ein Zootier aus, das er gerne sein möchte. Wichtig ist vor allem aber das passende Geräusch zum Tier.

Einem Kind werden als „Tierforscher" die Augen verbunden, während alle anderen leise die Plätze tauschen. Nun tastet sich der Tierforscher zu einem Kind durch und sagt:

„Liebes Tier, sage mir, wer versteckt sich hier?"

Das entsprechende Kind macht nun sein Geräusch vor, und der Tierforscher versucht, es zu erraten. Hat er es geschafft, ist nun der Tier-Imitator der neue Tierforscher. Hat es der Tierforscher aber nicht erraten, so darf er noch 2 weitere Versuche starten.

Variante

Etwas schwieriger wird es noch, wenn nicht nur das Tier, sondern auch noch das richtige Kind dabei erraten werden muss.

Kommentar

Schönes Spiel, um zwischendurch die Wahrnehmung zu fördern und schnelle, unaufwändige Auflockerung zu schaffen.

Promis raten

Ziel	◉	fördert logisches Denken und Problemlösen
Dauer	◉	ca. 20 – 30 Minuten
Material	◉	Tafel, Kreide
Sozialform	◉	ganze Klasse am Platz

So geht's

2 Schüler verlassen den Klassenraum. Die anderen Spieler denken sich jeweils einen Prominenten aus, der sie heute sein möchten. Alle Namen der Prominenten werden für alle sichtbar an die Tafel geschrieben.
Nun tauschen alle Schüler ihre Plätze. Die beiden „Detektive" werden wieder hereingerufen und dürfen die Namen an der Tafel lesen.

Sie rufen nun zwei „Prominente" auf, die den Platz tauschen sollen, z.B.:
„Spongebob tauscht mit Biene Maja."
Die beiden Schüler wechseln nun die Plätze.
Ziel für die Detektive ist es, herauszufinden, wer sich hinter den Namen der Prominenten verbirgt. Für jeden falsch geratenen Namen erhalten die Detektive einen Strich an der Tafel. Wenn sie 5 Striche haben, haben die „prominenten Kinder" gewonnen, wenn die Detektive alle richtig erraten, gewinnen sie.

Achtung: Wenn die Detektive nach nur einmaligem Umsetzen bereits drauflos raten, haben sie keine große Chance. Sie müssen also mehrere Prominente umsetzen und sich die Namen dabei gut merken. Einzige Regel: Man darf nicht 2-mal hintereinander den gleichen Prominenten tauschen lassen, da die Lösung dann zu schnell offensichtlich wäre.

Kommentar

Dieses sehr strategische Spiel lebt von den taktischen Überlegungen der Detektive. Erst durch das Kombinieren von mehreren Informationen kommen sie zum Ziel. Erklären Sie die Taktik nicht im Vorfeld, sondern lassen Sie diese die Kinder selbst herausfinden.

Onkel Ottos Nase

Ziel	🔊	verbessert das Sprachgefühl
Dauer	🔊	ca. 15 Minuten
Material	🔊	–
Sozialform	🔊	ganze Klasse im Sitzkreis

Stundenabschluss

So geht's

Dies ist nur ein Beispiel für weitere, ähnlich aufgebaute Nonsens-Spiele, die blitzschnell für gute Laune sorgen und die Schüler mit einem breiten Grinsen ins Wochenende entlassen. Es fordert Lachanfälle geradezu heraus …

Alle Schüler sitzen im Kreis. Jeder denkt sich nun für seinen Nachbarn eine Frage aus, z.B.: *„Was hast du heute Morgen gefrühstückt?"*
Nun muss der Nachbar antworten: *„Onkel Ottos Nase."*
Dabei entstehen natürlich die witzigsten Kombinationen.
„Wie bist du heute in die Schule gekommen?" „Auf Onkel Ottos Nase."
„Was magst du am liebsten?" „Onkel Ottos Nase."

Variante

Lassen Sie die Schüler selbst lustige Antworten erfinden. Sie können diese auch auf kleine Antwortzettel schreiben lassen. Jeder notiert etwas Lustiges, das auf eine Frage hin zufällig gezogen wird.

Kommentar

Achten Sie darauf, dass niemand wirklich einen Onkel Otto hat. Kinder reagieren oft sehr empfindlich, wenn sie Menschen gleichen Namens kennen. Doch höchstwahrscheinlich wird dieser Name im Verwandtenkreis kaum noch existieren.

Zahl in der Mitte

Ziel		stärkt nonverbale Kommunikation und Reaktionsvermögen
Dauer		ca. 15 Minuten
Material		–
Sozialform		ganze Klasse im Sitzkreis

So geht's

Alle Kinder sitzen im Kreis. Ein Schüler steht in der Mitte, sodass ein Stuhl zu wenig vorhanden ist. Teilen Sie die Klasse nun in 2 Hälften, und lassen Sie jede Hälfte einmal durchzählen, also z.B. von 1–14 und dann noch einmal von 1–14. Jedes Kind im Kreis hat jetzt eine Zahl und einen Zahlenpartner (1 und 1, 2 und 2 usw.). Jedes Kind muss sich merken, wer sein Zahlenpartner ist. Anschließend stehen alle Kinder auf, durchmischen sich und setzen sich wieder auf einen beliebigen anderen Platz.

Die Aufgabe ist nun, möglichst unauffällig mit dem Zahlenpartner Blickkontakt aufzunehmen und zu versuchen, blitzschnell die Plätze zu tauschen. Natürlich möchte das Kind in der Mitte auch einen Platz ergattern und setzt alles daran, das Pärchen zu stören.
Wer keinen Platz gefunden hat, steht nun als Nächstes in der Mitte.

Kommentar

Theoretisch dürften alle Paare gleichzeitig die Plätze tauschen. Sinnvoller ist es natürlich, darauf zu lauern, wann das Kind in der Mitte gerade möglichst weit entfernt ist.

Nebeneinander oder gekreuzt?

Ziel	🔊	fördert das logische Denken
Dauer	🔊	ca. 5 – 10 Minuten
Material	🔊	–
Sozialform	🔊	ganze Klasse im Sitzkreis

Stundenabschluss

So geht's

Dieses Spiel kann man eigentlich nur einmal spielen. Es lebt aber gerade von dem Witz und von der Kombinationsgabe der Schüler.

Zu Beginn sitzen alle auf ihren Stühlen im Kreis. Sie selbst halten einen Stift in der Hand, wobei Ihre Hände gekreuzt sind.

Geben Sie nun den Stift an ein Kind weiter, mit der Aufforderung: *„Gekreuzt!"*
Das Kind wird nun seinerseits den Stift mit überkreuzten Händen an den Nachbarn weitergeben. Jetzt sagen Sie aber: *„Falsch!"*

Wieso das? Sie selbst hatten Ihre Beine überkreuzt, als Sie den Stift mit überkreuzten Händen weitergegeben haben. Und das ist auch schon der Clou: Es kommt gar nicht auf die Hände an, sondern allein auf die Beine.

Sie können also den Stift auch mit parallel gehaltenen Händen weitergeben, solange nur Ihre Beine überkreuzt sind.

Kommentar

Etwas knifflig, aber auch sehr spannend. Wer durchschaut das Spiel als Erster? Werden es alle erraten?

Nasenpost

Ziel		verbessert die Motorik und die Rücksichtnahme
Dauer		ca. 15 – 20 Minuten
Material		einige Streichholzschachteln
Sozialform		ganze Klasse im Sitzkreis

So geht's

Für diese lustige Abwechslung zwischendurch benötigen Sie nur ein paar leere Streichholzschachteln. Die Schüler sitzen im Kreis.

Ein Schüler steckt sich nun die leere Streichholzschachtel (ohne die „Schublade") auf die Nase und gibt sie an seinen Nachbarn weiter, der diese natürlich auch wieder mit der Nase abnehmen muss. Die Hände dürfen auf keinen Fall eingesetzt werden. So geht es einmal im Kreis herum.

Etwas schwieriger, aber für größere Klassen auch spannender, wird es, wenn Sie auf der anderen Seite des Kreises eine zweite Streichholzschachtel starten lassen. Der Schüler, bei dem sie sich treffen, hat leider verloren, darf dafür aber der nächste Starter sein. Sie können natürlich auch ausprobieren, welche Richtung schneller wieder am Ziel ist. Geht es links- oder rechtsherum am schnellsten?

Kommentar

Das Spiel eignet sich auch prima als Abschluss nach einem anstrengenden Tag oder wenn Sie noch ein paar Minuten übrig haben. Sie können es immer wieder, je nach Bedarf, abwandeln, z.B.:
„Wie viele Runden schafft ihr in fünf Minuten?"

Was braucht der Lehrer?

Ziel	⟫	trainiert die Empathie und erweitert Berufswissen
Dauer	⟫	ca. 15 – 20 Minuten
Material	⟫	–
Sozialform	⟫	2 Großgruppen

So geht's

Beruferaten einmal anders. Teilen Sie die Klasse in 2 Gruppen ein.
Schreiben Sie an die Tafel: „Was braucht der Lehrer?"
Jedes Team darf nun 5 Antworten geben, die an der Tafel notiert werden,
wie z.B.: *„Tafel, Kreide, Stift, Hefte, Bücher …"*

Diese insgesamt 10 Begriffe zählen aber noch nicht, denn jetzt geht das Spiel
erst richtig los. Für jeden weiteren sinnvollen Begriff, den ein Team aufschreibt,
erhält es einen Punkt. Dazu haben die Teams 5 Minuten Zeit. Wer am Schluss
die meisten Punkte hat, gewinnt. Nach den ersten, einfachen Begriffen wird es
natürlich schon viel schwieriger. Was wird ein Lehrer wohl noch alles brauchen?
Vielleicht einen Taschenrechner, eine Uhr, gute Laune …

Variante

Sie können dieses Spiel auch mit anderen Berufen spielen, wie etwa:
„Was braucht der Feuerwehrmann (Arzt, Bäcker etc.)?"

Kommentar

Dieses Spiel entfaltet seinen Überraschungsmoment natürlich nur beim ersten
Spielen. Damit die Kinder wirklich auch über ausgefallene Dinge nachdenken,
vergeben Sie 2 Punkte, wenn eine Gruppe einen Begriff als Einzige gefunden hat
(ähnlich Stadt-Land-Fluss-Prinzip).

Was machst du, wenn ...?

Ziel		fördert die Fantasie und das Sprachgefühl
Dauer		ca. 15 – 25 Minuten
Material		für jeden Schüler 2 Zettel, Stifte
Sozialform		ganze Klasse im Sitzkreis

So geht's

Alle Kinder sitzen im Kreis. Jedes Kind bekommt 2 Zettel.
Auf einen Zettel schreiben die Kinder eine (nicht ganz ernst gemeinte) Frage,
auf den anderen Zettel die passende Antwort. Die Frage sollte beginnen mit:
„Was machst du, wenn ...“

Beispiele:
Frage: *„Was machst du, wenn ein Tiger plötzlich vor dir steht?“*
Antwort: *„Ich schreie laut um Hilfe!“*

Frage: *„Was machst du, wenn dir jemand einen Witz erzählt?“*
Antwort: *„Ich schüttele mich vor Lachen!“*

Nun werden alle Fragekarten eingesammelt, gemischt und auf einen Stapel
in die Mitte gelegt – ebenso alle Antwortkarten.
Immer 2 Schüler ziehen nun reihum eine Frage- und eine Antwortkarte,
die sie laut vorlesen. Hierbei kommen natürlich die lustigsten und seltsamsten
Kombinationen zusammen.

Frage: *„Was machst du, wenn ein Tiger plötzlich vor dir steht?“*
Antwort: *„Ich schüttele mich vor Lachen!“*

Kommentar

Dieses Spiel eignet sich hervorragend zum lustigen Ausklang vor den Ferien oder
zum Wochenende.

Luftballons mit Gabeln

Ziel	ᴅ	fördert Motorik und Kooperation
Dauer	ᴅ	ca. 20–25 Minuten
Material	ᴅ	mehrere Luftballons, mehrere Gabeln
Sozialform	ᴅ	ganze Klasse im Sitzkreis oder in Kleingruppen

So geht's

Das Spiel kann man sowohl mit allen Schülern zusammen im Sitzkreis, aber auch in Teams spielen. Es kann recht laut werden, ist dadurch aber für die Schüler besonders lustig.

Zunächst müssen alle Schüler Luftballons aufblasen, am besten für jedes Kind einen. Zusätzlich erhält jeder Schüler eine Gabel. Falls Sie das Spiel im Sitzkreis bevorzugen, geben Sie einem Schüler einen Luftballon, den er nun mit seiner Gabel an seinen Sitznachbarn weiterreichen muss. Natürlich sind Luftballons und Gabeln nicht gerade eine Traumkombination, sodass die Kinder schon sehr vorsichtig sein müssen.

So wird der Ballon von Schüler zu Schüler weiter herumgereicht. Natürlich wird der ein oder andere Ballon schnell platzen. Dann wird mit dem nächsten weitergemacht. Wenn es die Klasse schafft, einen Ballon einmal komplett im Sitzkreis herumzugeben, hat die gesamte Klasse gewonnen.

Variante

Sie können auch kleinere Gruppen bilden, die im Kreis den Ballon weiterreichen.

Kommentar

Beim Zerplatzen der Ballons haben vor allem jüngere Schüler zunächst großen Spaß. Aber der Ehrgeiz wächst schnell, die Ballons unversehrt eine ganze Runde drehen zu lassen.

Autorennen

Ziel		fördert die Fantasie und lockert den ganzen Körper
Dauer		ca. 10–15 Minuten
Material		–
Sozialform		ganze Klasse im Sitzkreis oder am Platz

So geht's

Ein spannendes Autorennen gefällt fast jedem. Also bitte anschnallen und los geht die Fahrt!

Die Schüler sitzen am Platz oder bilden einen Sitzkreis. Sie erzählen nun eine Rennwagengeschichte, bei der die Schüler selbst pantomimisch mitmachen müssen. Die Geschichte könnte sich so ähnlich anhören:

„Erst einmal müsst ihr euch den Helm aufsetzen und euch anschnallen. Sitz und Spiegel einstellen nicht vergessen. Jetzt den Motor starten und den ersten Gang einlegen. Die Ampel wird grün, und das Rennen startet. Alle geben Vollgas! Schon geht es in die erste Rechtskurve. Da vorne kommt eine scharfe Linkskurve, also bremsen, scharf einlenken und sofort wieder beschleunigen. Die Motoren heulen auf. Schnell den zweiten Gang einlegen, und den dritten Gang. Achtung! Was ist das? Ein Reifenstück auf der Rennstrecke. Blitzschnell ausweichen. Oh, ein Unfall vor uns! Vollbremsung!
Die Reifen quietschen. Noch mal Glück gehabt. Und weiter geht's. Da ist auch schon das Ziel. Ja, das gesamte Team hat gewonnen! Applaus!"

Variante

Statt Autorennen können Sie auch prima ein Pferderennen spielen. Hierbei müssen die Schüler auf der Stelle, im Schritt, Trab oder Galopp laufen, über imaginäre Hindernisse springen usw.

Kommentar

Hier kommen alle auf ihre Kosten. Vor allem die Jungen mögen natürlich gerne das Autorennen, während die Mädchen eher die Pferde bevorzugen. Probieren Sie am besten beides aus!

82

Katzenmusik

Ziel	⍉	lockert die Stimmbänder, fördert das Rhythmusgefühl
Dauer	⍉	ca. 15 – 20 Minuten
Material	⍉	–
Sozialform	⍉	ganze Klasse, in Kleingruppen unterteilt

So geht's

Dies ist ein sehr musikalisches Spiel. Hierbei müssen sich die Schüler unterschiedlichen Musikinstrumenten zuordnen. Man braucht dazu Geigen, Schlagzeug, E-Gitarren und Flöten. Nach Belieben können auch andere Instrumente gewählt werden. Nun suchen sich immer mindestens 2 oder 3 Schüler ein Instrument aus, das sie mit ihrer Stimme nachmachen. So können die Geigen summen, das Schlagzeug einen Rhythmus klopfen, die E-Gitarren dudeln und die Flöten pfeifen.

Wenn alle Gruppen ihre typischen Laute gebildet haben, darf nun ein Kind den Dirigenten spielen und jede der Gruppen zum Klingen bringen. Dabei müssen alle natürlich genau auf den Dirigenten achten und aufpassen, wie lange und wie oft sie drankommen. So können die Kinder ganz spielerisch tolle Melodien zaubern.

Variante

Vielleicht haben Sie ja Lust, ein kleines (Katzenmusik-)Konzert zu veranstalten!

Kommentar

Auch wenn hierbei nicht wirklich wohlklingende Musik zu Stande kommt, lernen die Kinder, aufeinander zu achten und Regeln einzuhalten.
Wichtig ist für jedes Kind, seinen ursprünglichen Ton oder Rhythmus beizubehalten. Vielleicht entwickeln die Kinder ja so tatsächlich ein kleines Konzert!

Heißer Topf

Ziel		fördert Fantasie und Schnelligkeit
Dauer		ca. 5 – 10 Minuten
Material		Topf oder Kartoffel, Musik
Sozialform		ganze Klasse im Sitzkreis

So geht's

Alle sitzen im Kreis, alternativ können Sie auch einen Stehkreis bilden.
Besonders schön ist es, wenn Sie flotte Musik auflegen.

Geben Sie einem Schüler einen Topf in die Hand. Hui, ist der aber heiß! Schnell muss der imaginäre heiße Topf im Kreis weitergegeben werden. Jeder muss natürlich so tun, als wenn der Topf extrem heiß wäre.

So geht es sehr schnell immer weiter, bis die Musik stoppt.

Wer den Topf jetzt gerade in der Hand hat, muss für alle etwas Witziges tun, das Sie vorher festgelegt haben, z.B. ein Lied singen, einen Witz erzählen, eine Grimasse schneiden.

Anschließend startet die nächste Runde mit dem heißen Topf. Nach spätestens 10 Minuten sollten Sie das Spiel beenden, wenn es gerade am schönsten ist.

Variante

Sie können dieses Spiel sogar einsetzen, um Lerninhalte zu wiederholen. Dann muss derjenige, der den heißen Topf gerade in den Händen hält, eine bestimmte Aufgabe lösen oder etwas zum Unterrichtsthema beitragen. Statt eines Topfes können Sie auch eine „heiße Kartoffel" nehmen.

Kommentar

Sehr temporeich, aber nicht zu laut. Lassen Sie zum Schluss wieder alle Kinder „abkühlen".

Bist du Winnetou?

Ziel	⍣	fördert die Wahrnehmung
Dauer	⍣	ca. 15 – 20 Minuten
Material	⍣	Zettel in Schüleranzahl
		(für die Variante 3 Murmeln pro Kind)
Sozialform	⍣	ganze Klasse in Bewegung

Stundenabschluss

So geht's

Dies ist wieder ein sehr leises Spiel. Bereiten Sie vorher kleine Zettelchen vor – für jeden Schüler einen leeren Zettel, auf einem muss allerdings das Wort *Winnetou* stehen.

Nun zieht jeder einen Zettel. Wer Winnetou ist, darf dies jedoch nicht verraten. Jetzt dürfen sich alle frei im Klassenraum bewegen und andere flüsternd ansprechen: „*Bist du Winnetou?*"

Wird ein „falsches" Kind angesprochen, schüttelt es kurz und unauffällig den Kopf. Wenn tatsächlich Winnetou angesprochen wird, nickt er kurz und unauffällig. Das Kind, das gefragt hat, geht noch ein paar Schritte weiter und bleibt schließlich still stehen. Die anderen Kinder fragen weiter, bis schließlich alle Kinder stehen. Wer der Letzte war, hat gewonnen.

Variante

Geben Sie jedem Kind 3 Murmeln in die Hand. Jede Murmel steht für eine mögliche Frage. Fragt ein Kind ein anderes, ob es Winnetou sei, muss es diesem eine Murmel abgeben. Die einzige Möglichkeit, Murmeln zurückzubekommen, ist also, selbst von einem Kind gefragt zu werden. Dadurch müssen alle Kinder gut beobachten, an welchen Stellen andere Kinder stehen bleiben und wen sie zuvor gefragt haben.

Kommentar

Ein wirklich leises Spiel, das alle ein bisschen zur Ruhe kommen lässt. Achten Sie darauf, dass Winnetou wirklich nur eine minimale Zustimmung zeigt. Erst die Variante macht aus dem leichten Glücksspiel eine echte taktische Herausforderung.

Regenwolke

Ziel	◉	fördert die Motorik
Dauer	◉	ca. 10 – 15 Minuten
Material	◉	ein Wattebausch
Sozialform	◉	ganze Klasse im Kreis (auf dem Boden)

So geht's

Alle Schüler knien sich eng aneinander in einen Kreis auf den Boden.
In die Mitte legen Sie ein großes Wattebällchen. Das ist die Regenwolke.

Natürlich möchte niemand diese Wolke bei sich haben und schickt nun den Wind
los, um diese zu vertreiben. Alle Schüler pusten also die Regenwolke von sich weg.
Wen die Regenwolke berührt, der hat verloren, darf dafür aber in der nächsten
Runde die neue Regenwolke auf die Reise schicken.

Variante

Sie können das Spiel auch mit 2 Mannschaften spielen, die sich gegenübersitzen.
Man kann hieraus auch leicht ein „Wattefußball-Spiel" machen, indem das Wattebällchen dann in ein gegnerisches Tor gepustet werden muss. Dieses können die
Kinder ganz einfach aus zwei Schreibetuis bauen. Wer die meisten Tore erzielt,
gewinnt.

Kommentar

Besonders die Variante des Tischfußballs erhöht den Reiz. Hier können auch
Kleingruppen, oder sogar nur 2 Kinder, gegeneinander spielen.

Der Hindernisparcours

Ziel	🌙	fördert Motorik und Koordination
Dauer	🌙	ca. 30 – 45 Minuten
Material	🌙	5-Cent-Münze, Mobiliar in der Schule, Stoppuhr
Sozialform	🌙	Einzelarbeit

So geht's

Dieses rasante Wettspiel können Sie als idealen Ausklang eines Schuljahres in den letzten Tagen durchführen.

Bauen Sie im Klassenraum, auf dem Schulhof oder in der Turnhalle einen Hindernisparcours aus Tischen, Stühlen und Alltagsgegenständen auf. Richten Sie einen Startpunkt und ein Ziel ein. Die Kinder durchlaufen nun nacheinander den Parcours – mit einer 5-Cent-Münze auf der Stirn. Sie müssen also beim Laufen ständig nach oben schauen. Wenn die Kinder mögen, machen Sie einen Wettbewerb daraus und stoppen die Zeit für jedes Kind.

Lassen Sie zur Sicherheit alle Kinder den Parcours vorher mehrmals ohne Handicap durchlaufen.

Variante

Falls Sie es schaffen, den Parcours ohne Ecken und Kanten aufzubauen, können Sie die Kinder auch mit verbundenen Augen hindurchlaufen lassen.

Kommentar

Obwohl es eigentlich ein Wettlauf ist, gewinnen hier nicht unbedingt diejenigen, die sonst am schnellsten sind, sondern die geschicktesten Kinder. So kommen auch einmal andere Kinder zu sportlichen Erfolgserlebnissen.

Chaos im Zoo

Ziel		trainiert Schnelligkeit und Fantasie
Dauer		ca. 10 – 20 Minuten
Material		Zettel mit Tiernamen, Hula-Hoop-Reifen
Sozialform		ganze Klasse in Bewegung

So geht's

Dies ist ein schönes Spiel für die Turnhalle. Bereiten Sie Zettel in der Anzahl der Kinder vor. Immer auf 2 Zettel schreiben Sie dasselbe Tier.

Die Zettel verteilen Sie wahllos in der Turnhalle. Ebenso verteilen Sie mehrere Hula-Hoop-Reifen in der Turnhalle, und zwar einen weniger, als Sie Tierarten aufgeschrieben haben.

Beispiel: Bei 28 Kindern schreiben Sie 2 mal 14 Tierarten auf die Zettel und verteilen 13 Reifen in der Halle.

Wenn Sie „Los!" rufen, laufen alle Kinder los und schnappen sich einen Zettel mit einem Tiernamen. Von nun an dürfen sie sich nur noch wie das gezogene Tier auf dem Zettel bewegen und entsprechende Laute von sich geben. Jedes Kind versucht, auf diese Weise den passenden Partner zu finden. Hat sich ein Paar gefunden, so bewegen sie sich so schnell wie möglich auf einen Hula-Hoop-Reifen zu und setzen sich hinein.

Das Paar, das keinen Reifen mehr erwischt, hat leider verloren.

Kommentar

Ein irre schnelles und lustiges Spiel mit jeder Menge Bewegung. Nach ein paar Runden sind die Kinder schnell aus der Puste – eine echte sportliche Herausforderung vor den Ferien oder dem Wochenende.

Ist da ein Geist?

Ziel ⏺ trainiert Körperbeherrschung und alle Wahrnehmungskanäle

Dauer ⏺ 15 – 20 Minuten

Material ⏺ –

Sozialform ⏺ ganze Klasse in Bewegung

Stundenabschluss

So geht's

Im Gegensatz zum Zoo-Chaos ist dies ein sehr leises, aber dennoch äußerst spannendes Spiel für einen gelungenen Abschluss. Auch hierfür brauchen Sie etwas Platz. Es eignet sich dazu am besten die Turnhalle oder auch ein gut freigeräumter Klassenraum.

2 – 3 Kinder werden als „Geister" bestimmt. Alle anderen Kinder verteilen sich frei im Raum und schließen die Augen (nicht schummeln). Das Ziel für die Geister ist es, sich so lautlos zu bewegen, dass die anderen Kinder sie nicht wahrnehmen.

Dazu versuchen die Geister, sich 10 Sekunden lang ganz dicht hinter ein Kind zu stellen, ohne von ihm bemerkt zu werden. Sollte ein Kind mit geschlossenen Augen etwas hören oder einen Luftzug spüren, fragt es laut: *„Ist da ein Geist?"*

Wurde der Geist ertappt, tauschen die beiden Kinder die Rollen. Schafft es der Geist, unbemerkt 10 Sekunden lang hinter einem Kind zu stehen, bekommt er einen Punkt. Der Geist mit den meisten Punkten nach 10 – 15 Minuten gewinnt das Spiel.

Kommentar

Hierbei kommt es auf hervorragende Selbstbeherrschung und messerscharfe Wahrnehmung an. Damit die Kinder nicht ständig fragen: *„Ist da ein Geist?"*, können Sie auch vereinbaren, dass bei einer unzutreffenden Frage ein Minuspunkt verteilt wird.

Bleib auf dem Boden!

Ziel	◉	trainiert Gleichgewicht und Kooperation
Dauer	◉	ca. 15 – 20 Minuten
Material	◉	–
Sozialform	◉	Kleingruppen

So geht's

Dieses wunderbare philippinische Geschicklichkeitsspiel schafft noch einmal richtig gute Laune vor den Ferien.

Teilen Sie die Kinder in Gruppen von je 4 – 5 Spielern ein. Alle Gruppen verteilen sich untereinander geschlossen frei im Raum.

Nennen Sie nun eine Zahl zwischen 4 und 20. Die Zahl sollte nur nicht kleiner sein als die Anzahl der Gruppenmitglieder. Alle Gruppen versuchen nun, sich gemeinsam so anzuordnen, dass sie mit genau der entsprechenden Anzahl an Körperteilen den Boden berühren (auch der Kopf zählt dazu).

Sagen Sie z.B. „5", könnten sich alle 5 Gruppenmitglieder auf ein Bein stellen und sich evtl. gegenseitig festhalten, damit sie nicht umkippen. Bei einer Zahl wie *11* wird es schon schwieriger. Dabei müssen sich die Kinder blitzschnell absprechen, wer sich wie positioniert.

Die Gruppe, die als Erstes ihre Position eingenommen hat, ruft „*Stopp!*". Diese Position muss nun 10 Sekunden lang gehalten werden. Währenddessen zählen Sie, ob auch die richtige Anzahl an Körperteilen den Boden berührt. Hält die Gruppe die Position über die Zeit, hat sie gewonnen.

Kommentar

Lassen Sie die Gruppen für dieses Spiel am besten zufällig bilden (s. Band 1, ab S. 75). Interessant ist es für Sie, wer sich hier schnell zum Wortführer entwickelt und wer eher Anweisungen entgegennimmt. Gute Kooperation ist auf jeden Fall die Voraussetzung für den Erfolg.

Unterrichtsziele spielend erreichen: Die besten Spiele für den Abschluss mit Gewinn

Der gordische Knoten

Ziel	🔊	trainiert Geschicklichkeit und fördert den Zusammenhalt
Dauer	🔊	ca. 5 – 10 Minuten
Material	🔊	–
Sozialform	🔊	ganze Gruppe im Stehkreis

Stundenabschluss

So geht's

Wenn die Kinder vor den Ferien sich gar nicht voneinander trennen können, spielen Sie doch dieses lustige Geschicklichkeitsspiel. Sie brauchen eine gerade Anzahl an Kindern, ansonsten spielen Sie selbst mit.

Alle Kinder stehen ganz eng im Kreis. Sie schließen die Augen. Auf Ihr Signal hin strecken alle Kinder die rechte Hand in Schulterhöhe aus und bewegen sich vorsichtig vorwärts. In der Mitte kommen alle Hände nun zusammen. Die Kinder öffnen aber nicht die Augen, sondern versuchen, jeweils eine andere Hand zu greifen.

Wenn alles gut geklappt hat und die Kinder einige Zeit herumgetastet haben, hält nun jedes Kind eine andere Hand fest (bitte keine Schultern oder Arme festhalten, da es sonst nicht aufgeht).

Die Verbindungen der Kinder sind natürlich nun total verknotet. Das Ziel ist es nun, dass die einzelnen Paare versuchen, sich aus dem Händeknäuel zu lösen, ohne sich loszulassen.

Kommentar

Dieses Spiel schafft noch einmal ein richtig schönes Zusammengehörigkeitsgefühl vor den Ferien. So freuen sich alle Kinder bestimmt, sich nach den Ferien wiederzusehen.

Über die Autorin

Dr. Jessica Lütge ist Germanistin, Medienwissenschaftlerin
und Lehrerin für Grund-, Haupt- und Realschulen.
Sie arbeitet mit den Schwerpunkten „Spielpädagogik"
und „Wohlfühlen in der Schule" an einer Grundschule und
entwickelt kunterbunte Ideen, die den Schulalltag verschönern.
Infos zu Seminaren und Büchern sowie praktische Tipps
erhalten Sie auf der Internetseite: **www.jessicaluetge.de**

Literaturtipps

Katrin Barth, Angela Maak:
Deutsch mit dem ganzen Körper
Kl. 1– 4, Verlag an der Ruhr, 2009.
ISBN 978-3-8346-0481-1

Jean Feldman:
**155 Rituale und Phasenübergänge
für einen strukturierten Grund-
schulalltag.**
Kl. 2– 4, Verlag an der Ruhr, 2009.
ISBN 978-3-8346-0480-4

Sylvia Meise:
**Spielen, Denken, Lernen
mit allen Sinnen.**
Cornelsen Scriptor, 2008.
ISBN 978-3-5892-4556-7

Rolf Oerter:
**Psychologie des Spiels:
Ein handlungstheoretischer Ansatz.**
Beltz, 1999.
ISBN 978-3-4072-2046-2

Terry Orlick:
**Zusammen spielen – nicht
gegeneinander.
150 kooperative Spiele für Kinder.**
3 – 12 J., Verlag an der Ruhr, 2007.
ISBN 978-3-8346-0247-3

Kathy Paterson:
**Kinder motivieren
in 3 Minuten.
120 Übungen für alle
Unterrichtssituationen.**
Kl. 1– 6, Verlag an der Ruhr,
2008.
ISBN 978-3-8346-0418

Petra Proßowsky:
**Kinder entspannen mit Yoga.
Von der kleinen Übung bis zum
kompletten Kurs.**
5 – 10 J., Verlag an der Ruhr, 2007.
ISBN 978-3-8346-0291-6

Michael Renner:
**Spieltheorie und Spielpraxis: Ein
Lehrbuch für pädagogische Berufe.**
Lambertus Verlag, 2008.
ISBN 978-3-7841-1797-3

Doris Stöhr-Mäschl:
**Ruhe tut gut! Fantasiereisen und
Entspannungsübungen für Kinder.**
5 – 12 J., Verlag an der Ruhr, 2008.
ISBN 978-3-8346-0420-0

Internettipps

www.labbe.de/zzzebra
Die wohl größte kostenlose Spiele- und Ideenauswahl
für Kinder und Pädagogen im Internet.
Hier finden Sie zu fast jedem Thema spannende Aktivitäten.

www.spielunterricht.de
Hier finden Sie interessante Artikel über allgemeine Spieltheorie
und über den Zusammenhang zwischen Spielen und Lernen.

www.gruppenspiele-hits.de
Bewegungsintensive Spiele für viele Gelegenheiten: auf Kinderfesten,
in Wald und Wiese, zum Kennenlernen und Vertrauen.

*Die in diesem Werk angegebenen Internetadressen haben wir
geprüft (Stand Mai 2009). Da sich Internetadressen und deren
Inhalte schnell verändern können, ist nicht auszuschließen,
dass unter einer Adresse inzwischen ein ganz anderer Inhalt
angeboten wird. Wir können daher für die angegebenen
Internetseiten keine Verantwortung übernehmen.*